LE
SALON DE 1862
A LIMOGES

PAR E. LEMAS.

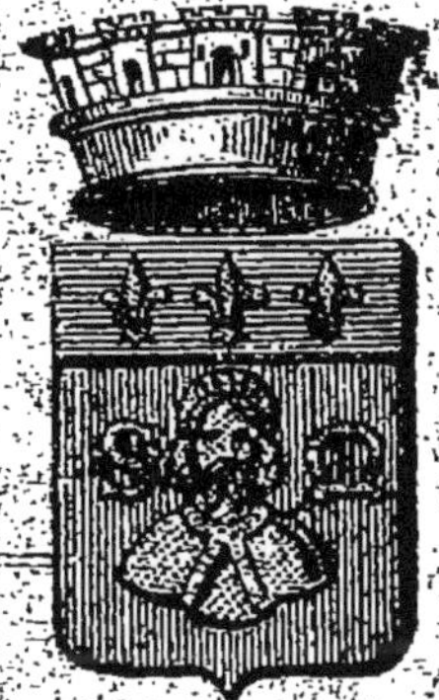

LIMOGES

IMP. H. DUCOURTIEUX, RUE CROIX-NEUVE.

1862

LE SALON DE 1862

A LIMOGES.

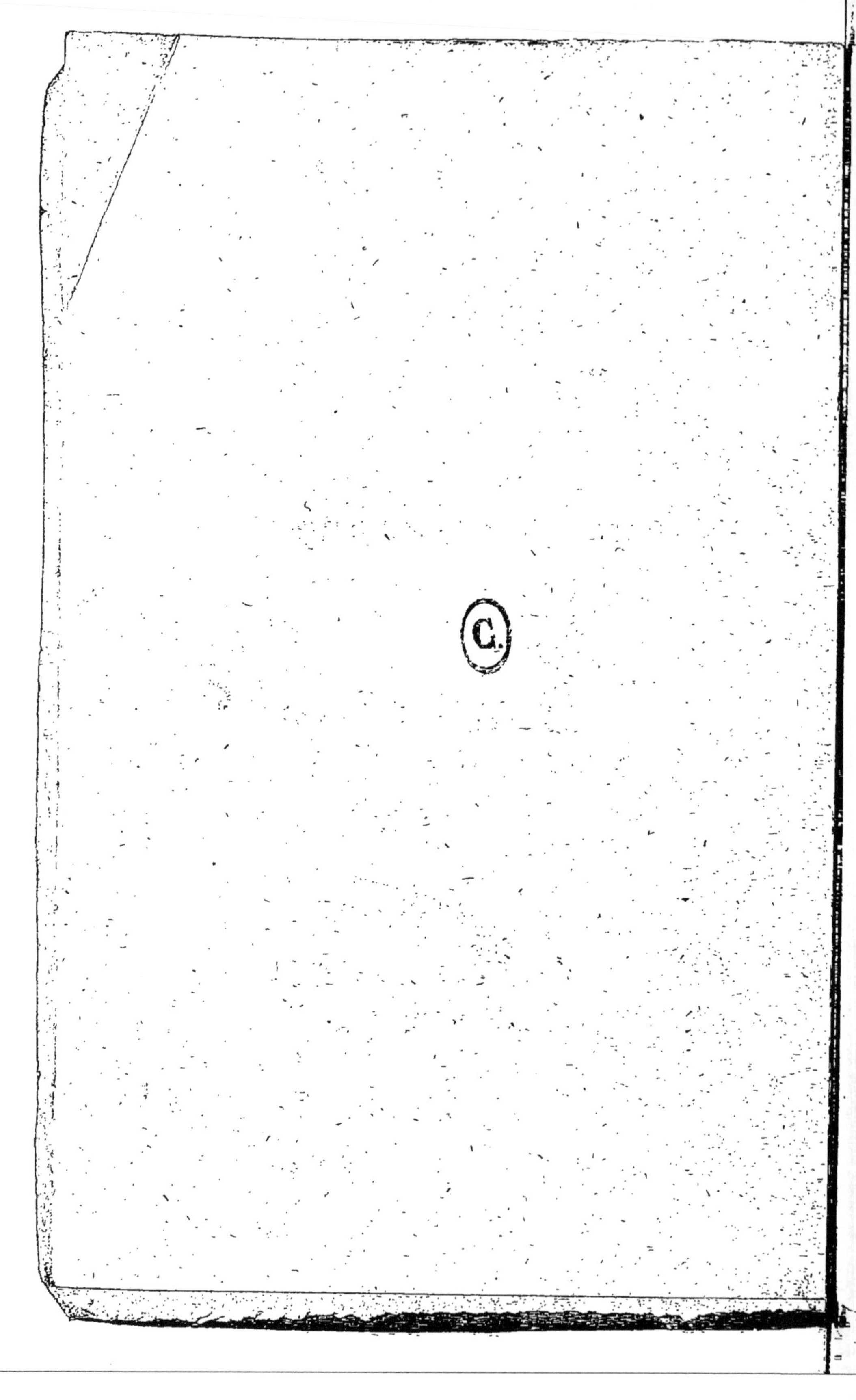
C.

LE
SALON DE 1862

A LIMOGES

PAR E. LEMAS.

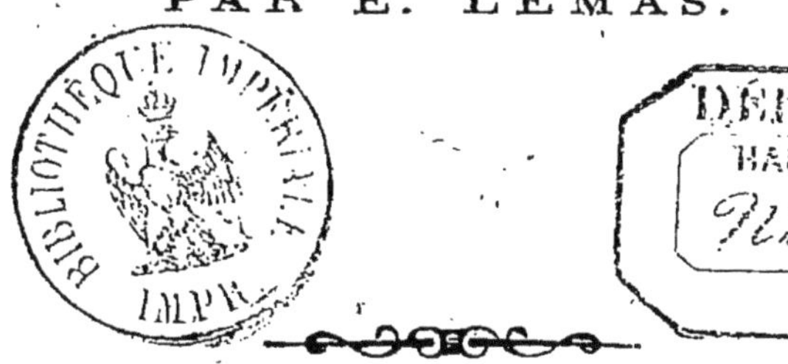

LIMOGES

IMP. H. DUCOURTIEUX, RUE CROIX-NEUVE.

—

1862

COURTE PRÉFACE.

Je voudrais ouvrir ce modeste livre par un éloge et des félicitations sincères adressés à la Société des Amis des Arts du Limousin. Je suis, il est vrai, ami des arts, mais par la vertu d'une pièce de vingt francs : aussi je n'éprouve pas cette honte bienséante d'un homme obligé de se louer lui-même. Si je dis que la Société débute dans le monde artistique de la manière la plus brillante, si je proclame bien haut que notre Exposition est faite pour surprendre même les espérances les plus confiantes, qui ne sait à qui nous devons ce beau résultat? Je ne me permettrai pas d'attenter, par le moindre nom propre, à la modestie de personne; ce serait tout au moins superflu. Mais on ne saurait trop remercier les artistes et les amateurs dévoués dont le zèle a rassemblé toutes ces toiles pour les offrir à l'admiration des Limousins.

Cette admiration sera-t-elle bien vive? portera-t-elle ses fruits? Question embarrassante. Bien des gens s'extasient devant une peinture dont la réalité les frappe : un petit nombre savent admirer judicieusement. Pour goûter les choses d'art, une éducation est nécessaire. Quelques villes à peine ont reçu en France cette sorte d'éducation artistique : le goût des beaux-arts s'y est répandu ; là on les aime, on les cultive, des écoles se forment. Limoges n'est pas de ces heureuses villes. L'amour de l'art n'y est pas encore né; ou, si l'on veut, il y est encore dans l'enfance : il faut donc le nourrir et l'élever avec soin, afin qu'il grandisse. Dieu merci, rien n'est contagieux comme l'admiration, et, en même temps, rien n'est plus fécond. Que nos peintres futurs viennent donc former leur goût et exciter leur ambition devant les chefs-d'œuvre qu'on étale à leurs yeux : le spectacle seul des belles choses peut développer un talent naissant, ou révéler un goût naturel qui s'ignore lui-même. Si cette première Exposition ne donne pas au monde un Corrége limousin, plus d'une personne dira peut-être *in petto* : *Anche io sono pittore*; traduisez : « Et moi aussi je peux faire de l'art, ne serait-ce que sur un vase de porcelaine ! »

LE SALON DE 1862

A LIMOGES.

CHAPITRE 1er.

M. Eugène Delacroix.

A tout seigneur, tout honneur, comme dit Virgile dans je ne sais plus quelle églogue. En entrant au Salon, il faut aller s'incliner devant le maître de céans, M. E. Delacroix. Vous est-il arrivé un soir de bal, en saluant une aimable dame qui vous avait gracieusement invité, de la trouver un peu triste, lourdement coiffée, maladroitement habillée, peu agréable enfin? Cela se voit

1.

quelquefois; on a ses bons et ses mauvais jours. Si vous connaissez la dame de longue date, si vous avez souvent apprécié les grâces de son esprit et de sa personne, vous souriez de cette vilaine mais courte métamorphose, et vous ne l'estimez pas moins que devant. Mais qu'en pourrez-vous penser si vous la voyez alors pour la première fois? Voilà justement ce qui me fait craindre pour les personnes que la Société présente à M. Delacroix : elles ne pourront pas l'apprécier; et c'est un malheur pour elles, non pour le maître, qui peut se passer, avouons-le, de l'admiration qu'on lui refuse. Le tableautin de M. Delacroix ne peut le faire connaître à ceux qui regardent une de ses œuvres pour la première fois, mais il suffit à le faire reconnaître. Soyons franc : la toile est presque repoussante; un dessin rapide et comme dédaigneux de la forme, des touches grossières sur de petits corps, en un mot le sans-façon de la peinture choquent dès l'abord. J'ai entendu bien des personnes qui ont le courage de leur opi-

nion, s'écrier avec un douloureux étonnement : « S'il n'était signé Delacroix, je trouverais ce tableau affreux. » Je confesse ma
sympathie pour ces amateurs peu respec-
tueux. Je pousserai moi-même l'irrévérence
jusqu'à hasarder timidement que ces rochers sont bien sales et bien mous, ces personnages bien maltraités par la brosse,
cette Alceste peu séduisante, cet Hercule
bien laid avec sa peau rissolée par le feu in-
fernal. Hercule, je ne serais pas allé chercher si loin une pareille Alceste; amateur,
je ne ferais pas une lieue pour contempler
la peinture de M. Delacroix.

Cependant ma critique n'est pas aussi
absolue que l'aversion générale du public.
Je me souviens des chefs-d'œuvre du maître, et je cherche avec conscience la griffe
du lion. Éloignons-nous du tableau, jusqu'à
ce que toutes ces aspérités s'effacent et que
l'harmonie se répande sur ces touches
heurtées : le tableau n'est plus le même,
l'effet apparaît. La composition, claire et
simple comme toutes les belles œuvres,

revêt un caractère de mâle grandeur; la lumière se fait sur la toile, la couleur prend de la vigueur et de l'éclat. On regarde à la loupe les objets et les peintres microscopiques. Il faut contempler de loin M. Delacroix, comme un imposant édifice ou comme un vaste paysage. Que ses personnages soient grands ou petits, ils sont fils du même père, et ne se laissent approcher ni les uns ni les autres : regardez-les à distance pour mesurer leur grandeur et juger de leur beauté. M. Delacroix étouffe dans les petits tableaux, comme ferait un géant dans une boîte. Il ne peut se rapetisser avec son cadre, ni proportionner ses pinceaux à ta toile. Il peint aussi fièrement, aussi largement, avec autant de fougue et de hardiesse les figures de deux ou trois pouces que les personnages de ses grands tableaux ou de ses fresques. Les jambes d'Hercule m'ont rappelé celles de Jacob luttant avec l'ange, dans la chapelle des Saints-Anges, à Saint-Sulpice. M. Delacroix ne peut cesser d'être grand, au contraire de bien des peintres ; quoi qu'il fasse, il reste toujours le même : et voilà pourquoi, ce me semble , le tableautin dont il a honoré notre Salon choque le goût public comme une espèce de méprise et de contre-sens. La dimension du cadre vous attire tout près ; on approche pour analyser un minutieux Gérard Dow, et le regard se heurte contre une audacieuse et fière peinture, qui vous repousse et vous tient à distance. Restons-y, si vous m'en croyez, et ne parlons pas trop, de peur de blasphémer l'art dans la personne de son enfant gâté.

CHAPITRE II.

**Les Tableaux favoris du public. — MM. Bougue-
reau, Antigna, Protais.**

Si M. Delacroix est le plus grand nom de
l'Exposition, le plus grand succès appartient à M. Bouguereau. Le public s'arrête
de préférence devant son œuvre, et le public a raison. Le sujet intéresse l'humanité
entière, fils d'Adam et filles d'Ève ; il est
simple, touchant et vrai. La *première discorde* vient de naître entre les deux pre-
miers frères. Ils sont bien jeunes encore,
et déjà la haine s'est glissée entre eux pour

les séparer. C'est que déjà, hélas! l'inégalité
était de ce monde : Caïn pouvait être jaloux
d'Abel, l'enfant chéri du Seigneur. Ève
même, quoique mère, avait une prédilec-
tion secrète pour le plus doux et le plus
faible de ses fils. Elle le presse tendrement
contre son sein, et l'enfant cache sa tête
blonde sous l'aile maternelle, avec un mouvement plein d'une grâce charmante. Il
pleure sans doute, et, tout effrayé, n'ose
regarder son frère. Caïn se tient debout,
dans une attitude menaçante ; son bras est
prêt à frapper, son regard est sombre, son
sourcil froncé par la colère. Ève, laissant
pleurer le bien-aimé qu'elle consolera tout
à l'heure, incline sa tête vers le fils réprouvé ;
elle essaye de l'apaiser et de le ramener
doucement vers son frère. Elle pressent que
cette première dispute n'est que le présage
de cette suite de discordes, de haines et de
combats qui seront l'histoire lamentable de
sa race. Sa tête inclinée respire la douleur,
et ses yeux si tendres laissent échapper des
larmes silencieuses. Elle pleure sur sa

faute, source de tous nos maux ; elle pleure sur la destinée de cette humanité, qui ne se souvient pas toujours qu'elle est fille d'une seule mère. Cette scène fait sur le cœur une impression profonde : c'est à la fois un douloureux souvenir et une pathétique leçon.

Le dessin et la couleur sont admirables comme la composition. Le groupe offre une grande beauté de lignes : toutes les attitudes sont d'une vérité frappante et d'une expression énergique.

Ève, quoique très féminine, a des formes pleines et robustes, telles que Dieu les donna sans doute à la mère du genre humain. Ses deux enfants sont dessinés et modelés avec une rare perfection.

Enfin la couleur même, harmonieuse et sobre, ne se contente pas de flatter les yeux ; elle a un sens. Le contraste que la peau rosée et les blonds cheveux d'Abel forment avec la peau brune et la noire chevelure de Caïn, est comme une explication de cette discorde, qui doit finir par un meurtre.

L'œuvre de M. William Bouguereau est la toile capitale de l'Exposition. Je voudrais la voir dans le salon d'un cercle ami de l'art sérieux. Elle y serait comme un enseignement perpétuel, et répèterait à ces hommes réunis par l'esprit de concorde, mais, après tout, neveux de Caïn : « aimez-vous les uns les autres. »

La plupart des visiteurs du Salon partagent leur admiration entre *la première Discorde* et l'*Épisode de la Guerre de Vendée*. Je crois que les délicats préfèrent M. Bouguereau ; mais, si l'on aime le drame, on penche volontiers vers M. Antigna. Le tableau, placé au fond de la salle, frappe d'abord les yeux et attire le spectateur. La composition est forte et saisissante. Un chouan blessé s'est réfugié dans sa demeure ; les bleus le poursuivent, ils viennent, ils vont peut-être enfoncer la porte. Le blessé se dresse à demi sur sa couche : son front sanglant, ses yeux sombres, ses narines frémissantes, ses mains crispées lui donnent un air effrayant ; sa jeune femme se jette au-devant de lui comme pour le retenir et le protéger ; sa main serre une hache et saura frapper. La fille du chouan semble prête à défaillir et à tomber à la renverse ; le plus jeune des enfants se presse contre sa sœur avec épouvante ; la vieille mère s'est jetée aux pieds d'un crucifix et prie avec l'élan du désespoir ; enfin un jeune garçon, agenouillé près de la porte, écoute, les yeux fixes et grands ouverts, plein de terreur et de résolution tout ensemble : il a saisi un pistolet, et malheur à celui qui, le premier, va franchir le seuil : celui-là, du moins, ne pourra tuer le père de famille.

J'avoue que je n'aime guère le drame violent ; je dirai avec l'expression vulgaire : « Je ne peux pas le voir, même en peinture. » Cependant il faut rendre justice aux grandes qualités scéniques de M. Antigna. Il cherche l'émouvant et il le trouve. Son *Incendie*, au musée du Luxembourg, et son *Épisode vendéen* ne sont pas l'œuvre d'un *dramaturge* vulgaire. Le geste, l'attitude, la physionomie des personnages, le mouve-

ment de la scène causent une émotion vive,
sans forcer la vérité. Mais l'intensité même
de cette émotion fatigue promptement, et
l'on s'éloigne de cette réalité lugubre pour
retrouver, devant une belle et tranquille
composition, cette admiration qui repose et
charme le cœur, ou cette émotion agréable
que donne, par exemple, le pathétique si
doux de *la première Discorde*.

Un autre tableau du même peintre donne
encore plus raison à ma critique. On contemple longtemps, sans se lasser, le tableau
de M. Bouguereau; mais je défie l'admira-
teur le plus fervent de M. Antigna d'arrêter
ses yeux un moment sur cette femme morte
de froid et gisante entre son fagot et la croix
du chemin, sous ce ciel neigeux qui aura
bientôt fait un linceuil au cadavre. « C'est
réel, dira-t-on, et c'est émouvant. » J'en
demeure d'accord; mais la réalité vulgaire
et l'émotion pénible sont-elles du domaine
de l'art véritable? J'en doute. L'art le plus
élevé attire et ne repousse point, ravit et ne
peine point; il donne le plaisir de la pensée

ou de la rêverie, non la sensation douloureuse d'un spectacle navrant.

M. Antigna, précurseur de M. Courbet
en réalisme (1), cherche moins la beauté
que l'effet violent : il veut prendre son
monde aux entrailles, bien loin de chercher
à charmer l'esprit. Il semble avoir si grand'
peur de faire plaisir aux spectateurs, qu'il
les prive même du régal de la couleur. Ses
toiles, d'un dessin ferme et vigoureux, malgré quelques lourdeurs, sont d'une couleur
sombre et monotone. Peut-être y a-t-il une
recherche d'harmonie entre la tristesse du
sujet et la tristesse du ton. Si cela est,
M. Antigna atteint parfaitement son but ; je
n'ai pas trouvé dans ses œuvres la moindre
chose agréable ; et la plus légère jouissance

(1) M. Courbet serait jaloux du pied que la vieille
Vendéenne semble oublier derrière elle en s'élan-
çant vers le crucifix. Il est peint minutieusement
et avec une telle vigueur de relief, qu'il sort, pour
ainsi dire, de la toile armé de tous ses clous ; au
demeurant, il est énorme, comme un vrai pied de
daguerréotype.

n'est jamais venue troubler l'impression pénible que j'ai consciencieusement ressentie.

Je me trompe ; un tableau de M. Antigna m'a fait plaisir. Aussi n'est-ce point une composition méditée pour produire un effet voulu : c'est une simple étude, faite sans doute d'après nature. Je veux parler d'une jolie petite fille joufflue, qui dort paisiblement sur la paille d'une étable, en compagnie d'une chèvre. Le dessin m'a paru excellent, et, chose étonnante, la couleur m'a réjoui les yeux.

Dans sa *Descente*, M. Antigna s'est laissé aller à son péché habituel, la monochromie. Autant il aime l'action, le mouvement ; autant il paraît redouter la vivacité et la variété des tons. Il y a dans tous ses tableaux, comme dans un morceau de musique, la dominante : mais cette couleur domine tellement qu'elle règne presque seule ; M. Antigna obtient l'harmonie sans peine, comme un musicien qui ferait jouer son orchestre à l'unisson. Les terrains, le ciel, les figures semblent faits de la même pâte. En revanche, le dessin est très heureux. Il y a une vérité et une grâce d'attitude ravissantes dans ce groupe de petits campagnards. Le mouvement est plein d'entrain ; le champêtre véhicule vole au milieu de la poussière, joyeusement traîné par ces enfants qui courent et crient à perdre haleine. Je goûte médiocrement les spectateurs du second plan, noyés dans cette vapeur lilas ; surtout cet énorme baby, qui pourrait attirer des compliments à sa nourrice, mais non pas au peintre qui l'a arrondi avec tant de complaisance. En somme, la toile est agréable et ferait un joli dessus de porte. Le groupe des traîneurs fait à lui seul un bon tableau.

M. Protais est d'un caractère opposé au genre de M. Antigna. Il ne fait pas fi de la réalité, mais il l'interprète, en dégage le sens ; il y mêle son cœur, et ne nous la montre qu'à travers sa propre pensée : en un mot, il est poète. De là ce charme qui nous retient devant sa toile : on y sent respirer l'âme d'un homme qui s'entretient tout bas avec vous. Le mot vulgaire est un grand éloge : C'est un tableau parlant. Hélas ! combien de peintres sont muets, malgré la justesse de leur dessin et de leur couleur ! Une pensée vivante anime les toiles de M. Protais. Quelque triste qu'elle soit, elle ne cause pas cette impression poignante, dont je parlais tout-à-l'heure ; elle remue et pénètre, mais ne frappe pas brutalement. Une dame, d'une sensibilité très délicate, m'avouait qu'elle avait pleuré avec plaisir devant *le Soldat mourant*, et qu'elle ne pouvait supporter la vue de la pauvre femme morte au pied de la croix. L'agonie est cependant plus douloureuse à contempler que la mort froide et insensible. Mais l'une de ces toiles ne donne guère qu'une sensation ; l'autre inspire un sentiment.

Comment n'être pas vivement touché devant l'agonie si calme et si religieuse de ce soldat qui prie à mains jointes, les yeux fixés vers le ciel, et adresse un adieu suprême à la patrie absente et à la famille qui ne le verra plus ? Un soleil empourpré, presque sanglant, se couche dans les nuages de l'horizon ; sa dernière lueur éclaire faiblement un immense champ de bataille, où gisent pêle-mêle, mortes ou mourantes, les victimes de la journée ; on entrevoit çà et là des formes vagues baignées dans la vapeur du soir ; les étoiles s'allument déjà dans le ciel, et la nuit funèbre descend peu à peu sur cette plaine indéfinie, que l'imagination peuple de morts.

La composition est d'une simplicité naïve; mais cette simplicité produit une impression profonde. Tout conspire à faire naître le même sentiment de douce pitié : cet adieu du soleil qui va s'éteindre avec le blessé, cette immensité si paisible et si effrayante du champ de bataille, cette attitude résignée et chrétienne, ce visage livide, ces yeux mourants, pleins de regrets et de tendresse, qui parlent seuls dans le silence des lèvres déjà glacées.

On a beaucoup parlé de *la Sentinelle perdue*, l'une des toiles les plus remarquées au Salon de 1861. La même inspiration a produit ces deux tableaux. La sentinelle oublie l'ennemi et songe au pays ; le mourant lui envoie sa *dernière pensée* dans son dernier soupir. L'idée est simple, vraie et touchante ; l'ex-pression en est poétique, l'effet puissant. Toutes les déclamations contre la guerre ne sont pas aussi éloquentes que cette tris-tesse nostalgique, et cette agonie solitaire des soldats de M. Protais.

Le jeune artiste a envoyé à l'Exposition une autre toile, où il ne faut chercher ni une pensée profonde, ni une haute poésie. C'est un petit tableau sans prétention, repré-sentant la marche d'une colonne de zouaves dans un défilé. Le peintre a échappé à la monotonie de l'uniforme : la queue de la co-lonne se perd dans l'ombre de la montagne, les yeux se fixent forcément sur les pre-miers zouaves qui débouchent en plein soleil, au milieu de la blanche poussière d'Afrique. La marche a été longue, et il fait chaud ; deux braves se désaltèrent à une source qui miroite dans un coin. Le mou-vement des zouaves qui s'avancent, le fusil sur l'épaule et le haut du corps incliné en avant, a été pris sur le fait. Le coloris est vigoureux et la lumière très habilement distribuée : ce centre lumineux au milieu de la pénombre du défilé produit un heureux effet, qui rappelle la manière de Rembrandt.

CHAPITRE III.

Les tableaux militaires. — MM. Dumaresq, Eug. Bellangé, Le Pippre, Richard (Pierre-Louis), Pezous, Worms. — Une Bataille, de M. Léon Cogniet.

Les Français ont hérité du caractère de leurs pères gaulois, et le mot d'un ancien est toujours vrai : « Ils aiment la guerre et le beau langage (1). » Il est naturel que la peinture suive le goùt de la nation, et représente le soldat français sous tous les aspects, mais surtout dans l'ardeur du combat ; car c'est au milieu du feu et de la

(1) *Rem militarem et argute loqui.*

fumée qu'il fait vraiment son métier, qu'il a sa véritable physionomie ; c'est là qu'il est admirable à voir. Avez-vous remarqué que la plupart des batailles ne causent pas une impression triste, malgré le sang répandu, les blessés qui se meurent, et les morts qui dorment déjà au milieu du tumulte? Le plaisir que nous donne la lutte des combattants étouffe presque toute pitié. Je me hâte de dire que le plaisir n'est pas le même quand on nous met sous les yeux une de nos défaites ; mais les peintres ont en général la faiblesse, très patriotique après tout, de n'offrir aux Français que des victoires. Il est vrai que la matière est plus vaste et le sujet plus facile à trouver. Voulez-vous des Anglais, des Prussiens, des Russes ou des Bédouins, voire des Turcs ? En voici ; tous les peuples de la terre ont fait connaissance avec l'armée française.

Les Russes ont été demandés pendant quelques années : aujourd'hui c'est l'Autrichien qui est à la mode. La faute en est à la campagne d'Italie. Les peintres, comme les chroniqueurs, ont suivi notre armée avec confiance, bien sûrs qu'elle leur donnerait de l'ouvrage. Les peintres sont, à leur manière, d'excellents historiographes. Nous n'avons malheureusement dans notre Salon, aucune des grandes pages historiques de nos dernières campagnes, ni *la Bataille de l'Alma*, de M. Pils, ni *la Bataille de Solférino*, de M. Yvon. Mais nous avons en abondance les anecdotes de la grande histoire, les menus épisodes de nos glorieuses batailles. Messieurs les peintres ne nous ont pas admis à l'honneur d'un festin, ils nous servent des reliefs dont il faut nous contenter.

« Aimez-vous l'Autrichien ? on en a mis partout. »

Voici une *Charge en fourrageurs* de M. Armand Dumaresq, un de nos meilleurs peintres de batailles. Le tableau et le sujet sont petits ; mais le dessin a de la vivacité et de la fougue. Je n'aime ni le ciel barbouillé de bleu foncé et de blanc sale, ni cette jambe gauche que l'Autrichien a lan-

cée en avant à une distance peu ordinaire ;
mais le cavalier qui se dresse sur son cheval effaré, est posé avec beaucoup de crânerie ; les lignes et le mouvement sont heureux ; malheureusement le cavalier du fond
a le tort de répéter la silhouette de son
camarade. Un troisième, qui roule sur la
pente du premier plan, est d'un dessinateur
rompu à l'étude des raccourcis : l'homme
et le cheval sont peints de main de maître.

M. Eugène Bellangé est fils de son père ;
il a reçu la tradition, sinon le talent pater-
nel, et s'est voué à la peinture guerrière.

Son *Épisode de Magenta* offre un second
plan assez bien mouvementé ; mais le premier plan n'est pas bien trouvé. Je ne parle
pas du zouave mort dont les pieds raidis
semblent vouloir sortir de la toile ; l'attitude
est si connue qu'elle ne surprend plus personne. Le peintre a concentré l'intérêt sur
un zouave et un Autrichien blessés, qui se
repoussent et veulent lutter encore ; l'idée
est vraie sans doute ; mais je ne la goûte
pas. On n'aime pas à voir cette persistance

de la haine dans le cœur de deux ennemis tombés côte à côte, et qui sont peut-être destinés à mourir ensemble. La couleur est terreuse et désagréable, le dessin n'est pas toujours juste ; les jambes de l'Autrichien m'ont paru d'une longueur démesurée. Le zouave, avec sa mine énergique, est la meilleure figure du tableau.

Je ne veux pas m'appesantir sur *la Culbute à Palestro*. Le mouvement est confus, le fond mal traité, toutes les vestes autrichiennes sont d'un blanc violacé qui donne au tableau l'apparence d'une enluminure d'Épinal. Le sens même de la scène n'est pas très clair. Un canon, défendu par quelques artilleurs, dont l'un, à demi renversé, ne manque pas de caractère, est assailli par une nuée d'Autrichiens qui sortent de tous les buissons. Est-ce le canon qui va faire la culbute ? ou le 3e zouaves arrive-t-il derrière la toile pour jeter l'ennemi à l'eau ? En somme, la peinture est médiocre et mérite la place élevée qu'on lui a donnée.... dans le Salon.

Les *Zouaves dans les blés à Magenta*, trouvent des amateurs ; ils sont bien dessinés ; leur pose et leur visage sont expressifs. C'est tout ce que l'on peut dire de plus favorable sur cette petite toile assez insignifiante, à laquelle l'auteur même n'attache certes pas un grand prix.

La *Sentinelle* de M. Le Pippre n'a pas pris garde à elle ; un zouave (c'est encore un zouave) l'a tuée, l'a cachée dans un buisson ; après quoi, il a arboré sa casquette et sa veste blanche sur un échalas, comme un épouvantail qu'on dresse dans les blés pour effrayer les moineaux. Le Français ne veut effrayer personne ; bien au contraire, son épouvantail doit attirer de nouvelles victimes ; il s'est couché à plat ventre, et, l'œil au guet, le fusil en main, il attend sa proie, c'est-à-dire deux braves Autrichiens qui s'avancent ponr relever de faction leur camarade. Hélas ! si j'en crois les bonnes intentions du zouave, ils ne feront que partager son triste sort.

Cette petite toile, d'un dessin suffisant et

d'une couleur assez estimable, malgré un peu de crudité et de sécheresse, a un caractère de férocité spirituelle qui la sauve de la banalité.

M. Le Pippre a exposé d'autres petits tableaux. L'un représente un cheval gris pommelé avec son cavalier, peints en pleine lumière avec une touche grasse et facile. L'autre est une chasse au renard dans les carrières de St-Gerbold.

M. Richard (Pierre-Louis), n'a pas évité la banalité dont je parlais tout à l'heure. Son soldat blessé n'a aucune expression ni aucun sens; le peintre met naïvement les points sur les *i*; il nous montre non seulement la blessure ensanglantée, mais l'arbre qui vient d'être coupé par le biscaïen, et le biscaïen même, que le blessé pourra mettre dans sa poche pour le montrer plus tard à ses amis et connaissances.

Je goûte médiocrement la *sainte Famille* verdâtre de M. Richard; la tête de la Vierge est d'une vulgarité choquante; le *Chagrin* mérite à peine une mention. M. Richard a reculé devant la difficulté d'exprimer le chagrin sur les traits du visage ; il a fait comme le fameux Timanthe, lequel, désespérant de peindre la douleur que causait à Agamemnon la vue de sa fille immolée, escamota, en vrai Grec, la difficulté, et couvrit d'un voile la tête du malheureux père.

M. Pezous ne peint point de batailles ; mais il peint le troupier au repos avec une pointe d'originalité qui n'est pas déplaisante. Ces fantassins qui se promènent une femme au bras, le coupe-choux sur l'épaule, avec des airs conquérants, ont une certaine crânerie martiale ; mais ils sont dessinés et peints à la hâte et marchent sur une pelouse aussi sale que si elle avait été foulée par les sabots boueux d'une ronde villageoise. Les bonnes ménagères du lavoir me plaisent davantage, surtout le soldat qui, étendu dans une posture nonchalente, fume en regardant ses camarades ; mais pourquoi l'eau est-elle si noire et la verdure si sale ? M. Pezous gâche le paysage, mais en revanche, il peint très bien l'intérieur. Son *Au-*

berge atteste une bonne entente du clair-
obscur, et ses troupiers joueurs sont remar-
quablement peints ; la pose, le geste, sont
d'une vérité piquante ; on ne peut tenir une
allumette enflammée ni mêler les cartes
d'une façon plus militaire. La touche, qui
ressemble à celle de M. Charles Fortin, a
du relief et de la vie.

Le zouave est le lion de l'armée française ; je prends le mot dans le sens anglais.
C'est le héros de toutes les batailles, le
vainqueur unique, si l'on en croit les peintres, que séduit un peu, il est vrai, son costume pittoresque. Partout où il y a quelque
ennemi à éventrer, le zouave est là ; quel
régiment on ferait de tous les zouaves semés
sur la toile depuis cinq à six ans ! il y aurait
de quoi faire peur à l'Europe entière. Il
n'est guère de peintre qui ne fournît son
bataillon. M. Protais, M. E. Bellangé nous
ont montré des zouaves, M. Worms nous
présente à son tour les siens ; ils ne marchent ni ne combattent ; ils font leur toilette
dans leur bivouac avant d'aller à la fête.

Une grande animation règne dans toute la scène, la toile est pleine de vie et de mouvement ; le peintre a heureusement varié l'action et donné une physionomie particulière à chaque soldat ; peut-être même en fuyant la monotonie est-il tombé dans l'excès contraire ; les personnages sont un peu éparpillés, et le tableau manque d'unité. Ce léger défaut est largement compensé par les mérites de la peinture qui, outre cette vie et cette gaîté dont j'ai parlé, offre d'excellentes qualités de dessin et de couleur. Les zouaves du premier plan sont modelés avec une vigueur et une largeur remarquables. La lumière tombe heureusement sur le tableau, et les fonds sont brossés avec un peu de cette *furia francese* que le peintre a prise à ses modèles.

M. Léon Cogniet, qui n'est pas de notre âge, nous fait rebrousser chemin jusqu'au 16 avril 1799. *La Bataille du mont Thabor* est sans doute le projet de l'un de ces tableaux où M. Cogniet a peint, pour le Musée de Versailles, des épisodes de la campagne

d'Égypte, avec MM. Karl Girardet, Philip-
poteaux, Vignon et Guyon. J'attribue surtout au travail des couleurs, la localité
jaunâtre de la toile, à laquelle s'oppose le
ton verdâtre du ciel. C'est à croire que le
peintre a inventé pour son tableau un vernis spécial au jaune d'œuf. J'ai entendu
louer cette couleur, qu'on prenait pour du
soleil. Je le veux bien, pourvu que ce soit
le soleil de Syrie, car le nôtre est tout différent; cette lumière me représente au mieux
la nature vue à travers un vitrail jaune. Au
reste, la composition n'est pas d'un peintre
médiocre : le tumulte et la confusion d'une
mêlée y sont habilement rendus, la perspective est longue, le champ de bataille vaste
et profond. L'arrière-plan est peint largement, avec une grande facilité de brosse.
Mais le dessin des petits personnages qui
occupent le devant du tableau est très
lâché; hommes et chevaux affectent des
formes fantastiques qui surprennent l'œil.
Ce n'est pas à dire que M. Cogniet ne soit
un de nos meilleurs dessinateurs; mais la

toile a été brossée avec fougue ; l'auteur s'est arrêté sur la limite entre la pochade et le tableau. Je sais qu'il ne faut point analyser minutieusement une œuvre qui ne veut produire qu'un effet d'ensemble ; c'est pourquoi je passe sur le dessin. L'impression générale manque de force et de netteté ; la toile n'a pas ce point central où tous les détails se rattachent, et qui donne à un tableau l'unité et l'harmonie. Le bataillon sur lequel vient se briser la cavalerie des Turcs est trop effacé pour concentrer sur lui l'intérêt et servir de nœud à la composition.

Je ne parle que pour mémoire de l'*Edie Ochiltrie* de M. Cogniet. Cette petite toile, sobrement colorée, se distingue par la pureté du dessin. Mais le personnage ne ressemble guère à un mendiant ; il manque de vérité et de caractère. La gravure de ce tableautin serait tout à fait à sa place dans une édition illustrée de Walter Scott.

CHAPITRE IV.

De la beauté du nu. — MM. Giacometti, Lenep-veu, Barrias, Ricard, Chaplin. — La peinture galante : M. Voillemot.

Peut-être en jetant les yeux sur ce titre, plus d'une lectrice éprouvera cette impres-sion de pudique frayeur que produisent certains tableaux du Salon, la première fois que le regard y tombe. Je me hâte de les rassurer et d'arborer le vers célèbre :

« La mère en permettra la lecture à sa fille. »

Le jury a cru devoir admettre des nudités

à l'Exposition. Les reproches et les plaintes n'ont pas manqué ; le jury les a bravés au nom de l'art : il doit être félicité de ce courage.

Les scrupules en pareille matière sont assurément respectables. Sans être une prude Arsinoé, on peut blâmer l'exposition publique des tableaux où la nature est peinte en déshabillé. L'intention de ce blâme est bonne, mais l'idée est, je crois, fausse. Ces âmes timorées ont tellement peur du diable, qu'elles s'imaginent voir poindre partout le bout de sa corne ou de son pied fourchu.

Si, raisonnant bonnement, on se posait cette simple question : « L'œuvre de Dieu, dans sa beauté nue, doit-elle blesser les yeux et corrompre le cœur ? Est-ce un spectacle immoral, que ces formes harmonieuses contemplées sans voiles, telles qu'elles sont sorties des mains du Créateur ? » La réponse serait facile ; mais dans notre vieille civilisation nous ne sommes plus assez naïfs pour faire ce raisonnementlà. Nous voyons les choses d'un autre œil, parce que nous avons d'autres pensées et d'autres sentiments. Notre nature morale est altérée ; c'est pourquoi elle ne peut soutenir la vue de notre nature physique, qui n'a pas changé ; l'équilibre n'existe plus. Soyons donc simples de cœur, pour regarder sans danger la simple nature.

La pensée du péril que l'on court dans cette contemplation peut seule suffire à le faire naître. Chassez cette préoccupation, et ne songez qu'à admirer la beauté de l'œuvre divine, reflétée dans l'œuvre de l'homme. Persuadez-vous que l'art véritable est aussi naïf, aussi pur que la nature même. J'y mets une condition, la beauté. Quand l'âme est frappée de l'émotion esthétique, il n'y a pas de place pour un sentiment vulgaire ou grossier. L'admiration remplit le cœur et en ferme l'accès aux pensées coupables. Plus une œuvre d'art est belle, plus elle est chaste.

En sculpture ou en peinture, une femme n'est pas simplement une femme : l'art ajoute quelque chose à la réalité. Un peintre n'est pas un photographe qui reproduit mécaniquement des corps avec leur caractère personnel et réel : aussi ni l'Albane, ni le Corrége n'ont comparu devant un tribunal avec leurs complices. Le peintre ne copie pas, il interprète et transforme la réalité ; l'art a été défini justement, *l'homme ajouté à la nature*. Le caractère impersonnel et idéal d'une œuvre artistique la préserve de l'impudeur et de l'immoralité. Un homme qui sculpte ou qui peint, avec le noble désir d'atteindre la perfection des lignes, des formes et de la couleur, ne saurait mettre dans son œuvre un sens pernicieux. Il imagine, il crée, il est inspiré par la plus belle des passions, l'amour du beau ; il est loin de songer à mal en produisant son œuvre. Ne songeons pas à mal en la regardant.

Au lieu de blâmer les peintres qui étudient le nu, on devrait les admirer. Au temps où les papes et les rois faisaient fleurir autour d'eux les beaux-arts, les peintres ne craignaient pas de représenter ce qu'il y a de plus parfait dans la création, la beauté des formes humaines. Ils ne se préoccupaient pas de savoir si leurs nudités seraient un sujet de scandale ; ils ne pensaient qu'à composer de grandes œuvres. Personne ne s'en plaignait ; les nudités de la chapelle Sixtine ne faisaient peur à aucun chrétien. Aussi l'art n'a jamais vécu d'une pareille vie ; jamais tant de peintres illustres n'ont apparu à la fois pour rivaliser de génie.

Sans le nu, on peut le dire hardiment, il n'y a pas d'art véritable. Le but le plus élevé que les peintres puissent se proposer, n'est-ce pas cette beauté et cette harmonie des lignes, des contours et du coloris, qui fait le charme incomparable du corps humain ? Que sont tous les bonshommes plus ou moins réels de la peinture de genre, à côté des grandes peintures où la nature triomphe dans sa splendide nudité ?

Je sais bien que les peintres me répondront en chœur : « Vous avez raison ; mais le goût public n'est pas de votre avis ; or, si nous voulons vivre, il nous faut flatter le

public. Qui donc s'avisera d'acheter des nus
pour meubler un salon?» Hélas! je sais que
ces peintres ont raison, et qu'il est difficile
d'accorder l'art et le métier. Les artistes
ambitieux, qui recherchent la solide gloire
et font, comme on dit, de l'art pour l'art,
n'ont d'autres ressources que les musées et
les galeries trop rares des amateurs mil-
lionnaires. C'est pourquoi je maintiens mon
dire, et je répète qu'au lieu de blâmer les
idolateurs du nu, il faut les admirer.

« Ils sont venus trop tard dans un monde trop vieux. »

Pour moi, je serais tenté de leur dire, en
leur tirant mon chapeau très humblement :
« Honneur au courage malheureux ! »
M. Giacometti est un de ceux

« Qui regrettent le temps où les nymphes... »

Mais je m'arrête; tout le monde sait les vers
de *Rolla*.

Il a cherché à faire revivre ce temps sur
la toile. Son premier tableau représente
une nymphe debout devant un rocher d'où

jaillit une eau sombre et fraîche. Elle tourne le dos au spectateur, tout occupée du petit Amour, qu'elle fait boire en souriant. Le peintre a cherché un effet assez original ; il a voulu exprimer le rire dans un profil fuyant qui ne nous montre ni la bouche, ni les yeux : quelques plis de la peau au coin de l'œil, une ligne sinueuse à l'endroit de la bouche, suffisent à rendre souriante cette aimable figure, qu'on voudrait voir se retourner tout à coup. Les lignes générales du corps sont assez heureuses, et le modelé satisfaisant : il y a pourtant au milieu des reins une saillie bizarre, que le mouvement du corps ne justifie pas complètement ; de plus, je suis intrigué de savoir ce que la nymphe a fait de son bras gauche, qu'on voit commencer et qu'on ne voit pas finir. L'Amour agenouillé sur le rocher manque de caractère et de physionomie. La couleur est ce qu'il y a de moins louable dans la peinture. Les chairs sont d'un ton lilacé franchement désagréable.

J'aime beaucoup mieux *la Nymphe et le*

3.

Satyre. La nymphe dort paisiblement étendue sur une draperie blanche empruntée à Titien, dans un paysage mystérieux comme ceux du Corrége. M. Giacometti est évidemment un élève studieux de ces deux maîtres illustres. Le souvenir de l'Antiope respire dans la toile. Le peintre lombard a porté bonheur à son jeune émule.

Le corps éblouissant de la nymphe s'enlève sur le vert sombre du fond, avec une grâce de lignes et une souplesse de contours admirables ; le modelé est moins ferme que fin ; je signale en particulier les molles ondulations des flancs et de la poïtrine. La tête repose sur les bras, qu'inonde une chevelure fauve comme la crinière d'un lion. Les traits sont à dessein un peu vulgaires, les yeux largement fendus, les narines dilatées, la lèvre sensuelle ; l'attitude du corps entier est pleine de mollesse et de volupté. C'est bien là une beauté digne d'un satyre. Le demi-dieu s'est approché doucement, pas trop près cependant, comme s'il craignait le réveil de la nymphe courroucée. Il

contemple avec ravissement ces formes di-
vines, et voudrait les voir mieux encore. Sa
physionomie est bien celle que l'antique
poésie a donnée à ces sauvages compagnons
des dryades et des naïades. Il est à la fois
malicieux et bonhomme, rusé et naïf, hardi
et timide. Je n'admire pas seulement l'expression du visage et de l'attitude; au point
de vue de l'exécution, M. Giacometti mérite
des éloges pour la justesse du modelé et de
la couleur. Il a reproduit fidèlement le galbe
et la tonalité que l'art a comme assignés
aux satyres. S'il eût voulu être original, il
aurait rejeté l'exemple des maîtres anciens,
et donné à son satyre une coloration de
peau moins brune et plus humaine. Il a
senti que cet acte d'indépendance l'aurait
privé d'un grand avantage : je veux dire cet
heureux contraste qui fait éclater les tons
si frais et si blancs de la nymphe, à côté de
la couleur sombre du demi-dieu. Il est toujours dangereux de se séparer des grands
modèles.

Un scrupule me prend. J'ai plaidé la

cause des peintres du nu, et voilà qu'un de mes clients semble se tourner contre moi. J'ai prononcé, si je m'en souviens, le mot de volupté. La peinture est donc voluptueuse ? Oui, si vous l'analysez sévèrement, tout exprès pour la condamner ; non, si vous vous laissez aller bonnement au plaisir d'admirer la beauté des formes et du coloris. D'ailleurs il faut songer que c'est là un sujet mythologique, et se faire un instant païen, si l'on veut être juste pour une peinture païenne. Nous avons sous les yeux des divinités : nous serions aussi indiscrets que le satyre, si nous voulions soulever le voile de cette vie mystérieuse et pénétrer d'un regard curieux les secrets interdits aux profanes.

Montons quelques degrés dans la hiérarchie céleste de l'Olympe : allons de la Nymphe à Vénus. Le type change ; Vénus n'a pas ce caractère de beauté un peu humaine et vulgaire. C'est l'assemblage divin de toutes les séductions et de toutes les grâces, une merveille de charme et de beauté. La fameuse ceinture dont parle la mythologie n'avait pas sa pareille dans le ciel et sur la terre. Aussi tous les artistes anciens ou modernes ont-ils cherché à réaliser dans le corps d'une Vénus leur idéal le plus parfait, leur type le plus accompli. Créer une Vénus n'est donc pas une petite entreprise. M. Lenepveu n'a pas été effrayé de la difficulté. Il nous présente une Vénus jeune comme une immortelle, si candide et si délicate qu'on la prendrait pour une jeune vierge. Elle console pourtant son fils Cupidon, qu'une abeille vient de piquer. Le sujet a cette grâce un peu précieuse et mièvre qui distingue la poésie anacréontique (1). M. Lenepveu n'a pas bien rendu ce caractère : son Amour manque justement de grâce; outre qu'il est un peu plus grand

(1) « L'Amour, cueillant une rose, fut piqué par une abeille. Il crie, et accourt vers la belle Cythérée : « Je suis perdu, ma mère, je me meurs ! » Mais elle : Si la piqûre d'une abeille cause une telle douleur, imagine la souffrance de ceux que tu perces de tes traits. »

que la tradition ne voudrait, son attitude, son geste et son visage ne sont pas empreints de cette *vénusté* que les anciens ont toujours donnée à Vénus et à son fils. La déesse me semble aussi étrangère au type de la Vénus, surtout de la déesse que chante le galant vieillard de Téos. Sa tête est sans expression ; ni tendresse, ni pitié maternelle ; elle ne console son fils que par un baiser bien froid. Un peu plus d'accent, sinon plus d'afféterie dans l'expression aurait donné à la scène un air de vérité qui lui fait défaut. On pense trop à Chloé en regardant le tableau. Cette figure indifférente est plutôt jolie que belle ; grave offense, dont la grande déesse s'indignerait ; la bouche, placée trop haut, imprime sur la joue de l'Amour un baiser assez gauche. Somme toute, la traduction de l'ode d'Anacréon n'est pas heureuse : j'avoue qu'elle était d'une difficulté rare.

Après une si longue critique, je n'ai pas le temps de m'arrêter aux détails : je pourrais blâmer certaines lourdeurs de dessin,

surtout dans le torse et les jambes de l'A-
mour, et des incertitudes de modelé dans
les joues et le cou de la Vénus. Cependant
il faut reconnaître que, sauf des restrictions
légères, l'exécution est bien supérieure à
l'expression. Le dessin de M. Lenepveu est
classique, et sent son grand prix de Rome.
Le modelé est, en général, fin et délicat; la
tête de l'enfant et la poitrine de Vénus sont
excellentes à ce point de vue. Mais le grand
mérite de l'œuvre, c'est le coloris. Je ne
veux pas parler du fond, qui m'a paru d'un
vert trop vif et trop monotone : je parle des
chairs, qui ont une fraîcheur et une suavité
de ton peu communes.

Peut-être suis-je trop sévère pour M. Lenepveu. Mais la Vénus antique est si belle,
qu'une image imparfaite de sa beauté ressemble un peu à un attentat coupable. Si
crime il y a, M. Lenepveu peut invoquer
bien des circonstances atténuantes : je suis
même disposé à le renvoyer absous quand
je regarde l'œuvre de M. Eugène Caudron.
Je n'ai jamais vu un pareil crime de lèse-

Vénus. On ne peut s'empêcher de sourire en voyant cette interminable déesse, dont la tête touche déjà le ciel, quand ses pieds se décident à peine à quitter les flots. O Vénus Anadyomène,

« O Vénus Astarté, fille de l'onde amère! »

comme te voilà profanée!

M. Lenepveu ne peint pas seulement l'histoire : nous avons de lui une petite toile de genre, *Molière faisant l'aumône*. L'expression pourrait être plus spirituelle. La physionomie de Molière, qui rappelle d'ailleurs suffisamment le portrait de Mignard, manque d'accent. J'aurais voulu qu'elle exprimât l'étonnement railleur du poète philosophe, qui s'écriait plaisamment : « Où la vertu va-t-elle se nicher? » Le fond du tableau représente assez bien le vieux Paris, avec ces boutiques sombres et ces étalages tout primitifs, qu'on ne retrouve plus aujourd'hui qu'au fond de la province.

M. Barrias nous a envoyé une seule toile, *les Sirènes attendant le passage d'Ulysse. J'y* trouve un singulier mélange de défauts et de qualités. Hâtons-nous de dire que ces dernières dominent. La composition manque, il me semble, d'originalité ; c'est moins un véritable tableau qu'une très remarquable étude. Les sirènes de M. Barrias ne sont pas ces femmes au buste superbe, honteusement terminées en queue de poisson, emblême de tromperie et de fausseté. Ce sont des femmes belles d'un bout à l'autre. Elles sont postées (c'est le mot) sur un rocher, au bord de la mer azurée sur laquelle le vaisseau d'Ulysse s'avance, les rames étendues comme des ailes, et la voile déployée en dépit d'Homère. L'une, assise à droite, joue de la cithare ; c'est une brune à l'œil farouche et dur, qui semble avoir soif de sang : à ses pieds, au milieu de cette verdure fleurie dont parle le poète, gîsent les crânes et les ossements des victimes. Une autre, accoudée sur le rocher, dans une pose passionnée, regarde le vaisseau et l'attire de ses yeux avides. Une troisième, la seule charmante, est nonchalamment étendue au pied de sa compagne ; elle tient une flûte à chaque main, et, tandis qu'elle se repose de son chant, elle laisse ses yeux errer sur la mer, avec une expression de plaisir mêlée de tendresse ; sa douce et tranquille figure respire l'amour plutôt que la férocité ; ou son regard est bien trompeur, ou elle n'appelle pas les hommes grecs pour les tuer sans pitié. Cette belle indolente est si séduisante avec ses yeux caressants et sa chevelure dorée comme celle de Vénus, qu'elle n'avait pas besoin de chanter pour attirer les malheureux mortels : sa beauté peut se passer de flûtes et de cette séduction du vin et des fruits que le peintre a puérilement étalés sur le rivage. Cette sirène suffirait à me faire aimer le tableau, où peu à peu on s'habitue à ne regarder qu'elle. Ses compagnes sont bien loin d'avoir le même attrait ; toutes deux sont bizarrement couronnées d'une lourde et désagréable guirlande de verdure et de fleurs. Celle du milieu surtout manque de grâce ; son visage, écrasé par ce malencontreux ornement, en reçoit un caractère choquant de vulgarité. Son attitude est aussi moins gracieuse que violente : il ne faut pas oublier que si les sirènes étaient féroces, elles prenaient les dehors les plus séduisants, pour charmer les imprudents matelots. J'ai parlé du regard farouche de la brune sirène; je me complète en disant qu'elle est belle à faire peur : c'est une de ces beautés sauvages qui, bien loin d'attirer, effrayent et repoussent.

Si je passais aux critiques de détail, j'adresserais plus d'un reproche à M. Barrias; la jambe droite de ma sirène favorite est trop longue, trop plate, et s'attache mal au corps ; la hanche de la sirène accoudée me semble d'une ampleur exagérée et d'un modelé peu correct ; le ton de la troisième n'appartient ni à une blonde, ni à une brune, et sa draperie verte et rouge est criarde et désagréable ; cette draperie est d'autant plus malheureuse que les autres sont excellentes : j'aime surtout cette draperie jaune qui s'harmonise si bien avec la gamme blonde des chairs. L'eau mérite trop bien l'épithète de bleuâtre que les anciens poètes donnaient à la mer ; je voudrais au moins que cette tonalité crue et monochrome fût variée par la blancheur de l'écume. Le radeau me rappellerait mieux le récit d'Homère et le vers de Catulle :

« De leurs rames de pin battant l'onde azurée. »

Je ne puis que louer rapidement les qualités remarquables du tableau. J'en goûte moins l'effet général que les détails charmants, qui abondent. J'aurais trop à faire si j'entreprenais de les noter tous ; je préfère, en finissant, arrêter les yeux de mes lecteurs sur la ravissante sirène de gauche, qui peut faire beaucoup pardonner à ses compagnes... et à leur peintre.

MM. Giacometti, Lenepveu et Barrias sont trois grands prix de Rome. On a beaucoup déclamé contre l'enseignement mesquin et poncif de la villa Médicis. S'il faut en croire des critiques systématiquement opposés à l'éducation classique et aux traditions d'école, les pensionnaires de l'Académie de France vont à Rome pour y perdre l'originalité et presque la vie. Comme si la pratique des grands maîtres pouvait étouffer un talent doué d'une vigueur native! Ni Raphaël, ni Michel-Ange, n'ont jamais enlevé à un jeune peintre ses qualités personnelles; ils lui en donnent bien plutôt de nouvelles. Je ne sais pas ce que MM. Giacometti, Lenepveu et Barrias auraient fait, s'ils n'avaient pas habité la villa Médicis; mais ce que je vois, c'est que, presque seuls dans notre Salon, ils ont abordé la grande peinture. On dira qu'ils ne sont pas marqués au coin d'une originalité frappante, qu'ils rappellent les maîtres illustres du XVIe siècle. Le beau malheur, si leurs toiles me causent plus de plaisir qu'une foule de médiocrités fort originales! Je regrette qu'une erreur ait adressé à l'Exposition de Bordeaux deux toiles de M. P. Baudry, qui nous étaient destinées: ce jeune et déjà célèbre artiste m'eût fourni un exemple encore plus décisif contre les accusations injustes qu'on n'épargne pas à une école méconnue.

M. Ricard n'a pas, que je sache, passé par l'académie de France pour arriver à la renommée. Il n'a pas négligé pour cela l'étude des maîtres. Il prouve aussi qu'on peut pousser et grandir à l'ombre de Titien et de Léonard de Vinci. J'avoue que j'apprécie mal la copie que M. Ricard nous offre de la *Bacchante* de Titien. Je ne doute pas que le tableau, comme copie, ne soit excellent; je n'ai jamais eu le plaisir de voir le chef-d'œuvre du musée de Madrid, mais on peut se fier à M. Ricard pour le mérite de la ressemblance et de la fidélité. Je paraîtrais trop hardi, si je m'attaquais à Titien lui-même, si j'osais dire que sa femme couchée est trop courte, mal faite, mal modelée et a vraiment l'air d'être gonflée de vent. Mais je ne pense pas]m'adresser au maître : on sait que les chefs d'école donnaient à leurs élèves une grande part dans beaucoup de leurs tableaux. Malgré la fécondité de leur génie, Raphaël ou Véronèse n'auraient pu suffire à exécuter toutes les œuvres signées de leur nom. Je m'imagine que cette *Bac-*

chante est l'ouvrage d'un élève, non de Titien ; j'ajoute que la tête de la femme et l'enfant tout entier ne semblent pas faits de la même main : l'exécution en est incontestablement supérieure à tout le reste. Mon opinion pourra paraître singulière ; mais j'avoue franchement une conviction que la médiocrité du dessin m'a surtout inspiré : le coloris n'est pas trop indigne de l'école vénitienne ; mais, s'il est vraiment de Titien, ce n'est pas dans cette toile que j'irai admirer l'un des plus grands coloristes qui aient existé.

Toutes ces critiques passent par-dessus la tête de M. Ricard. Mais nous voici en face de deux ouvrages originaux qui peuvent donner une idée de son remarquable talent. L'un est un portrait dessiné et peint avec une largeur vigoureuse et fière. C'est le relief et la solidité de la figure humaine, la chair vivante, où circule un sang jeune et frais. C'est un chef-d'œuvre de rendu et de vérité. Je préfère encore le *Pâtre tenant une flûte.* Le faire n'a pas la même largeur et la même puissance; mais la touche est d'une extrême délicatesse, la valeur et l'harmonie des tons merveilleusement observée. Ce n'est plus la nature surprise et fixée sur la toile; c'est une étude d'artiste amoureusement accomplie, avec une finesse et une habileté consommées. L'enfant a cette morbidesse charmante qui émeut doucement le cœur : ses grands yeux rêveurs vont jusqu'à l'âme. Mais, ce qu'il y a de plus étonnant dans ce précieux petit tableau, c'est (j'y insiste) l'harmonie générale du ton et de la couleur : toutes ces nuances si variées de noir bleuâtre se fondent admirablement autour de cette pâle figure pour la faire ressortir fortement. On dirait d'un harmonieux accompagnement, sur lequel se détache une mélodie pleine de grâce et de mélancolie.

Si le regard, quittant le petit *Pâtre* de M. Ricard, tombe sur l'*Astronomie* de M. Chaplin, on est surpris de ce brusque changement. Le contraste est grand entre cette couleur sobre, savante, admirable d'unité et d'harmonie, et cette gamme de tons frais, légers et transparents qui caressent doucement les yeux. Si le dessin de M. Chaplin manque de fermeté et de distinction, sa palette est une des plus flatteuses que je connaisse. Aussi M. Chaplin est-il né pour le genre décoratif, dont le mérite suprême est de plaire et de réjouir. Il l'a prouvé récemment aux Tuileries et à l'Élysée. Son *Uranie* est un panneau charmant, fait pour égayer la vue. La moitié du corps de la muse est adroitement cachée dans les plis abondants d'une draperie ; mais tout ce qu'on en voit est fort agréable. Le bras a une souplesse un peu molle ; en revanche, la tête, inclinée vers un in-folio, est empreinte d'une grâce malicieuse et piquante. Certes la jeune immortelle ne pense guère à l'astronomie ; elle poursuit plutôt des songes heureux ; à moins que les filles de Mnémosyne n'aient une façon toute divine d'étudier en souriant les sciences les plus abstraites et les livres les moins aimables.

M. Chaplin expose deux petits projets de panneaux traités dans le même esprit. On sent qu'il aime la manière et le style de Boucher, le plus spirituel et le plus charmant des décorateurs. L'*Étude* et la *Peinture* rappellent, par l'abus des tons roses, le coloris de ce grand maître. Comme lui, M. Chaplin aime à pétrir de lis et de roses le corps aérien de ses beautés allégoriques.

Sans parler d'un dessin gracieux, les *Bulles de Savon*, je citerai, en finissant, une petite étude de femme, très gentille avec son visage diaphane et sa toilette négligée. Elle est sans doute la sœur de l'*Astronomie;* car la ressemblance est frappante. C'est l'*Astronomie* en robe de chambre. A ce propos, je recommande aux amateurs méticuleux le sans-façon merveilleux avec lequel M. Chaplin sait chiffonner une robe. Il la chiffonne même si bien, qu'il lui enlève toute fraîcheur.

Je ne sais quel a été le sentiment des personnes ennemies des nudités devant le tableau de M. Voillemot. Pour ma part, je trouve le tableau qui lui fait pendant très modeste, malgré le sans-gêne naïf du petit enfant, quand je regarde cette allégorie de mauvais goût, que le mérite de la peinture ne peut faire passer. M. Voillemot, peintre ordinaire de l'amour galant, n'a rencontré, dans cette œuvre médiocre, ni la grâce, ni la couleur chatoyante qui le distinguent. Je ne suis ni partial, ni prude; mais je ne vois guère ici qu'une idée aussi leste que transparente, qui échappe, par sa hardiesse même, à l'analyse de la critique. C'est l'intention qui fait le péché : MM. Giacometti, Lenepveu et Ricard ne songent qu'à nous faire admirer sans voile la beauté de la forme; M. Voillemot n'a pas cette pensée : il veut chatouiller en nous un autre sentiment que celui de l'admiration. C'est pourquoi je trouve que la sévérité de certains spectateurs se trompe d'adresse en tombant sur des nudités qui, elles, n'ont aucune arrière-pensée.

CHAPITRE V.

———∘◦∘———

MM. Glaize, de Rudder, Bourgoin, Courbet.

Les deux têtes de M. Ricard sont, à mon avis, les meilleures du salon : il y en a pourtant d'autres fort estimables. On sent que je ne veux pas parler de certains portraits, pour lesquels mon patriotisme limousin ne trouverait pas assez d'éloges. Je suis forcé de m'en tenir aux peintres venus de loin.

M. Glaize nous a envoyé une rieuse figure de jeune fille, dont l'expression et la couleur déplaisent, je l'avoue, à la majorité du public. Elle a, dit-on, l'air désagréable ; et, pour le teint, on ne saurait lui pardonner son aspect vineux. Le jugement est sévère : j'accorde que la tonalité est triste et que cette peau si fraîche manque d'éclat, absolument comme ces fleurs dont la sève n'est entretenue que par l'eau d'un vase. Mais, cette critique faite, je trouve dans la *Rieuse* des qualités de dessin et de modelé extrêmement louables. Ces tons sombres et décolorés s'accordent si harmonieusement, qu'ils donnent à la figure une vérité et une vie incontestables. Les yeux sont d'une limpidité charmante, lés fossettes des joues et le sourire nerveux de la bouche sont très expresssifs. Mais elle a l'air désagréable ; j'en conviens. Faites seulement une expérience : mordez dans un citron, et demandez à votre miroir s'il est possible de goûter à cette amertume sans faire une petite moue de femme agacée.

Le *Nicolas Flamel* de M. de Rudder ressemble, de la hauteur où il est placé, à un de ces antiques tableaux dont le fond a poussé au noir. Les tons jaunes du visage et l'éclat argenté de la barbe ressortent vi-

4.

goureusement au milieu de la toile obscure, et donnent à cette œuvre estimable un caractère archaïque, qui sied fort bien au portrait du vieil alchimiste.

Je souhaiterais à M. Bourgoin cette vigueur de coloris. Sa peinture lavée, terne et léchée, manque de naturel et de distinction. Je passe sous silence le *Zouave racontant ses Campagnes*, les *Trois Sœurs*, et la *jeune Femme arrosant des Fleurs*, trois spécimens de petite peinture fade et bourgeoise (1). L'œuvre capitale du peintre, le portrait de Mgr Fruchaud, ne vaut pas beaucoup mieux. Cette figure froide et inanimée n'a pas même le mérite de la ressemblance; car la première chose qu'un portraitiste doit représenter, c'est la vie. Il faut que les yeux parlent, que le front pense, que tout le visage soit expressif. Or, on ne voit dans le portrait de M. Bourgoin que la muette enveloppe de l'intelligence. Je préfère à cette peinture

(1) Pour toute critique, je les comparerai aux tableaux si consciencieusement léchés de M. Mazohn et de M. Richard-Cavaro.

violâtre la photographie de M. Pierre Petit, où je retrouve non seulement les traits, mais la grave et douce physionomie de Mgr Fruchaud.

J'arrive à l'un des peintres les plus célèbres, sinon les plus grands de l'Exposition. Bien des critiques ont parlé des débuts tapageurs de M. Courbet, et de tout l'émoi que sa personnalité bruyante a longtemps causé dans le monde de l'art ; je ne veux pas reprendre ce thême rebattu : je laisserai le peintre avec ses théories et ses prétentions de chef d'école, pour ne voir et ne juger que la peinture.

M. Courbet a adressé à notre Exposition deux toiles qui ont surpris bien des gens. M. Courbet n'est guère connu en province que par quelques tableaux qui ont fait jadis scandale : son nom réveille l'idée d'une peinture éhontée, qui se complaît dans une réalité laide et grossière. Aussi l'étonnement a été grand, quand on a vu apparaître deux tableaux qui ne sont faits pour écœurer personne.

Je les crois aussi incapables de charmer qui que ce soit. Je rappelai plus haut une définition de l'art, que M. Courbet doit trouver absurde : « L'homme ajouté à la na- » ture. » Le peintre d'Ornans se garde bien de s'ajouter à la nature : il a pour elle un respect si exagéré, qu'il n'ose pas y toucher, de peur de la gâter. Il la représente seule, telle qu'il la voit, sans la flatter jamais. Plus son œuvre lui semble imiter exactement les objets, plus il en est satisfait. Le comble de l'art, à ses yeux, c'est le trompe-l'œil. Quelques pierres, quelques troncs d'arbre ressemblants lui font plus de plaisir que les plus beaux tableaux où l'artiste a corrigé et transformé la nature.

M. Courbet ne met jamais son âme dans ses œuvres ; c'est pourquoi elles ne nous charment pas. Mais il copie les objets avec tant de force et de relief, que sa peinture nous étonne. Jamais on n'a peint, dans le sens technique du mot, avec plus de franchise et de solidité. Sa brosse reproduit le côté matériel, l'enveloppe de la nature avec une exactitude saisissante. Derrière cette croûte épaisse et cet épiderme si réel, rien ne palpite et rien ne vit.

Jetez les yeux sur ce *portrait de M. Urbain Cuénot*. Il frappe par sa vérité et sa vigueur. On ne peut donner à la pâte plus de fermeté et plus de puissance, ni représenter mieux l'apparence de la vie. La facture est merveilleuse. Mais le maître n'est pas allé au-delà de l'écorce ; la pensée, emprisonnée sous ce masque solide, ne peut se faire jour au travers. M. Courbet fait mentir l'expression connue, que les yeux sont les portes de l'âme. J'ai répété, comme dans *les Mille et une Nuits* : « Sésame, ouvre-toi, » il m'a été impossible de pénétrer par là dans l'âme du modèle que M. Courbet a si magistralement pétrifié.

Le *Chasseur allemand* se recommande par les mêmes qualités extérieures : j'y vois la perfection du métier et l'absence du sentiment artistique. Cette peinture donne mille sujets d'étonnement et ne fait éprouver qu'un plaisir et une admiration médiocres. Le chevreuil tombé au pied de l'arbre est posé et brossé magnifiquement : l'exactitude du rendu ne peut être poussée plus loin. Le chien est, au même point de vue, un vrai chef-d'œuvre. Mais j'aime peu le chasseur, dont la taille semble écrasée par le cadre trop étroit du tableau : il est vulgaire et dénué d'expression : le dessin même laisse beaucoup à désirer ; on ne sent point les formes du corps sous ce vêtement raide, qui fait des plis si faux et si disgracieux. Le paysage est peut-être la partie la plus irréprochable du tableau. M. Courbet est à l'aise en face de la nature inintelligente ; il peut plus facilement se passer de rendre la pensée et se plonger tout entier dans le plaisir de l'imitation scrupuleuse. Ses fonds de verdure, ses terrains, ses eaux sont toujours supérieurs à ses figures. Dans le tableau qui nous occupe, la forêt épaisse et ombreuse se trouve malheureusement coupée par le cadre, à la hauteur des premières feuilles ; mais le ruisseau qui court dans son lit de cailloux

fait illusion, tant il est frais et limpide. Je
regrette que M. Courbet se soit cru obligé
d'ensevelir cette scène dans l'ombre : si
touffue que soit la forêt, les feuillages doi-
vent tamiser une lumière moins avare. Le
parti-pris d'obscurité est trop violent : les
couleurs s'effacent et se confondent dans
cette nuit; et, vue à quelques pas de distance, la toile prend l'aspect d'une litho-
graphie.

CHAPITRE VI.

MM. Puvis de Chavannes, Housez, Garin, Hamman, Lévy, Tabar.

M. Puvis de Chavannes est un glorieux nouveau-venu dans la peinture française. Les deux grandes toiles, *Bellum* et *Concordia*, de l'Exposition dernière, l'ont tout d'un coup placé près du pinacle. Ce jeune artiste, né pour les œuvres grandioses, et aussi ambitieux que fort, mérite l'admiration sympathique de tous les amoureux de la grande peinture. Malheureusement, les toiles qu'il nous a envoyées ne peuvent donner la mesure de son talent. Ce sont comme des fragments de grandes œuvres, où respire un caractère de mâle vigueur. Je ne m'étonne pas que M. de Chavannes soit l'élève de Thomas Couture ; il a, comme son maître, le tempérament robuste, et il a pu échapper à cette maladie de langueur que donnait l'école d'Ary Scheffer. Son *Hérodiade* est campée fièrement dans une attitude énergique : le bras levé donne le signal de la décollation de saint Jean-Baptiste, et tient le plat d'or où elle va recevoir la tête sanglante. On ne voit pas sa figure ; mais la férocité du geste en fait deviner l'expression sauvage. Au fond, on entrevoit les formes nues des bourreaux, dans une ombre sinistre que rougissent des torches enflammées. Le jeune peintre, suivant la pente de sa nature, cherche les effets puissants et les scènes dramatiques. Même dans les sujets rebattus, il poursuit l'originalité et la nouveauté. Son supplice de saint Jean, vu sous un angle particulier, ne ressemble à aucun des supplices innombrables que nous offre l'histoire de la peinture.

J'aime moins *Julie, fille d'Auguste, surprise par des soldats.* Le sujet manque de caractère, et la composition de clarté. Je regarde *Julie* comme une belle étude de mouvement et de couleur. Quant à la suivante, son visage, verdi par un reflet trop vif et a peine modelé, rappelle les figures les plus négligées et les plus maltraitées de M. Delacroix. Le rapprochement n'est pas aussi vain qu'on pourrait croire : le génie épique et héroïque de M. de Chavannes semble avoir reçu l'influence puissante du maître.

La mort des personnages célèbres est un des motifs les plus recherchés par les peintres qui visent au pathétique et à l'émotion. Il est rare qu'ils n'y trouvent une occasion excellente pour toutes les beautés de la composition, des lignes et du coloris, en même temps qu'un effet dramatique. Rien n'est plus solennel et plus attachant que la mort ; rien ne fait sur le cœur une impression plus profonde que le spectacle d'un grand homme à son dernier soupir. Mais il faut un talent plein de force pour soutenir la grandeur du sujet : de bons peintres peuvent faiblir sous le fardeau.

M. Housez a représenté *la Mort d'Henri IV*. Le tableau est estimable et révèle de sérieuses qualités chez son auteur ; mais l'effet n'a pas la force et la puissance qu'on pourrait attendre d'une scène si tragique. Un peintre de génie aurait trouvé une disposition plus heureuse, une action plus énergique et plus émouvante. M. Housez manque de génie et d'inspiration ; il a plus de science que de tempérament. — La composition est fidèle à l'histoire. Le carrosse du roi est arrêté, dans l'étroite rue de la Ferronnerie, par un embarras de chariots. Ravaillac a saisi le moment et a frappé sa victime de deux coups de couteau ; il tient encore l'arme ensanglantée. Les domestiques du roi se sont jetés sur lui ; l'un le serre à la gorge, tandis qu'un archer le menace de sa hallebarde. Le bon roi est renversé dans les bras du duc d'Épernon, tandis que les autres seigneurs, le duc de Montbazon, Roquelaure, le maréchal de Lavardin, s'empressent autour de leur maître, émus à la fois de douleur et d'indignation. Les cochers, dressés sur leur siége, montrent leur tête épouvantée; les habitants de la rue se mettent aux fenêtres; des passants accourent aux cris des valets. M. Housez a exprimé tous ces mouvements divers avec un grand souci de l'exactitude plutôt que de la vigueur pittoresque. Le double intérêt de la scène, qui se partage entre la victime et l'assassin, a été médiocrement compris et rendu. Le personnage le mieux réussi du tableau, c'est Ravaillac : l'expression hideuse de ce visage couleur de sang, l'énergie du mouvement et du geste font du meurtrier et du groupe qui l'entoure le meilleur morceau de la toile. La figure d'Henri IV me satisfait beaucoup moins. Sa tête pâle, encadrée par sa raide collerette, semble détachée du corps, et les traits mêmes manquent d'accent : c'est plus le portrait ressemblant du bon roi, que la tête d'un moribond. Il serait facile de critiquer encore l'œuvre de M. Housez, qui a moins consulté son talent que son ambition, d'ailleurs très louable, quand il a entrepris ce sujet difficile. Je peux résumer ces critiques en un mot : la peinture de M. Housez est plus consciencieuse que forte, et son principal défaut est de manquer de qualités originales.

La mort de Lesueur, par M. Garin, me semble bien supérieure au tableau de M. Housez. Le caractère de la scène est tout différent. Ici, plus de drame violent ; ni meurtrier, ni sang répandu. C'est la mort tranquille d'un grand homme s'éteignant doucement dans un asile religieux, au milieu de moines qui adoucissent et sanctifient ses derniers moments. Lesueur, persécuté par ses rivaux jaloux, avait trouvé un refuge chez les Chartreux de Paris, pour lesquels il avait composé la magnifique *Vie de saint Bruno*, qu'on admire aujourd'hui au musée du Louvre. Il était veuf, pauvre, et miné par une maladie de langueur qui l'emporta bientôt. Il mourut en 1655, tout jeune encore, âgé de trente-huit ans, comme Raphaël, auquel son talent si pur et si suave, sa douce et belle figure et sa mort précoce l'ont fait comparer, non sans raison. M. Garin l'a représenté étendu dans un fauteuil, la tête appuyée sur un oreiller, et entouré de moines qui s'empressent pieusement autour de lui. Des pinceaux et des esquisses gisent épars sur le sol, et une toile commencée se dresse dans un coin du tableau. Le grand artiste est tombé en défaillance au milieu d'un chef-d'œuvre inachevé. Les yeux sont fermés, et la pâleur livide de la mort s'est déjà répandue sur son noble visage, amaigri par une longue souffrance. Un de ses bras est pendant : un moine tient l'autre et tâte le pouls avec un air de douloureuse anxiété. Un second moine à tête grise, agenouillé devant le fauteuil, récite les litanies des agonisants. Un autre s'avance doucement, une fiole d'élixir à la main : mais il est trop tard ; le grand artiste est déjà marqué de ce signe fatal que la mort met sur ses victimes. La toile de M. Garin est un drame à la fois tranquille et émouvant, qui touche le cœur d'une douce et religieuse pitié.

Le groupe principal de la peinture offre une disposition de lignes très heureuses; on y sent une consciencieuse recherche du style. La figure de Lesueur est bien à sa place et attire sur elle tout l'intérêt : c'est là que les yeux se fixent invinciblement. Mais j'aime peu les trois moines de droite; le premier est sans doute bien posé; sa tête et ses mains sont énergiquement peintes; malheureusement ces corps si longs et si raides présentent une régularité de lignes verticales que le profil du pilier voisin rend encore plus choquante; quant au moine du fond, qui introduit le médecin, sa pose est forcée et théâtrale. La couleur est en même temps sobre et vigoureuse; il y a là des têtes ascétiques dignes de M. Robert Fleury. Le visage du moribond se détache harmonieusement sur le ton blanc de l'oreiller, mais il est fâcheux que cette harmonie soit rompue par la robe blanchâtre du moire incliné ; donnez lui la couleur jaunâtre des autres, la succession et l'opposition de tous sera parfaite. Autres critiques : la main pendante de Lesueur est d'une couleur étrange et impossible, et le fond me semble bien sombre pour la lumière du premier plan ; le clair-obscur pourrait être mieux entendu.

On conçoit que le premier devoir de M. Garin, peignant la mort de Lesueur, était de s'inspirer des toiles du grand artiste ; il n'y a pas manqué. La pureté du dessin, le style des attitudes, l'expression des figures, enfin, la localité grave et harmonieuse de la couleur établissent un rapport frappant entre la toile de M. Garin et l'un des chefs-d'œuvre du maître, la *mort de saint Bruno*. Le disciple a fait un heureux effort pour reproduire l'effet pathétique obtenu par Lesueur. S'il n'a pas atteint la hauteur de son modèle, il a réussi à en rappeler les plus fortes qualités. Je puis répéter à sa louange le vers connu :

« *Il a* du moins l'honneur de l'avoir entrepris. »

Dans un temps où trop de peintres pensent uniquement à faire des tableaux qui se vendent, il faut louer et estimer beaucoup un artiste qui cherche à faire de belles œuvres, au risque de les garder longtemps en magasin.

M. Hamman, peintre belge et élève de M. de Keyser, mais fixé en France depuis seize ans, s'est fait une manière originale, où l'on sent à la fois le souvenir des maîtres flamands et l'influence de Paul Delaroche. Il semble tenir de ce dernier l'intelligence dramatique de la composition, la correction du dessin, le souci de la vérité historique et la conscience scrupuleuse de la facture ; mais la couleur plus vigoureuse s'inspire de la tradition flamande. Avec moins de qualités on pourrait faire un bon peintre.

J'aime beaucoup le *Premier Épisode de la Journée des Dupes*. Louis XIII et sa mère sont réunis en conseil secret pour décider l'éloignement de Richelieu, quand apparaît

5.

la terrible robe rouge, c'est-à-dire le cardinal avec son air superbe et son geste im-
pératif. Le roi n'ose détourner la tête, comme
un écolier pris en flagrant délit de déso-
béissance : le peintre a fidèlement rendu
l'insignifiance et la faiblesse de ce roi-
enfant, toujours ballotté entre deux influen-
ces contraires, et dominé tour à tour par
un ministre et une mère qu'il détestait éga-
lement. Marie de Médicis a le port de tête
et l'attitude hautaine d'une femme et d'une
reine irritée. Elle presse le bras de son fils
comme pour affermir son esprit chancelant,
et semble foudroyer le cardinal de son regard orgueilleux. Toute cette scène tragi-
comique a été spirituellement tracée par M.
Hamman ; l'expression des figures est d'une
justesse et d'une convenance parfaites ; les
chiens même ont une physionomie expressive, et semblent trouver importune l'arri-
vée de Richelieu.

Le dessin est correct et ferme, la couleur
d'une fraîcheur et d'une finesse extrêmement remarquables. La toile entière est

peinte avec le même soin et la même précision savante : le buffet, le tapis, les lam-
bris d'où pend une de ces allégories consa-
crées par Rubens à la déification de la reine,
tout, en un mot, a été traité à la flamande,
avec une délicatesse qui ne tombe pas dans
la puérilité et la mesquinerie.

M. Hamman expose une seconde toile
d'un tout autre caractère, comme s'il vou-
lait faire apprécier à la fois les deux faces
de son talent. C'est une jolie scène de genre,
appelée *la Gondoletta*. La composition est
d'une simplicité exagérée. Accroupi sur la
première marche d'un palais, au bord de la
lagune, un petit Vénitien vient de lancer à
la mer une miniature de gondole, tandis que
son jeune frère contemple l'expérience avec
un air de gravité tout à fait comique. Campé
solidement sur ses jambes arquées, les mains
derrière le dos, dans l'attitude d'un obser-
vateur de cinquante ans, le *bambino* se
prend sans doute au sérieux et rêve au jour
où, devenu grand amiral, il commandera
les flottes de la république. Il me semble

voir un Dandolo enfant ou un Contarini en herbe. La mère des bambins se tient debout derrière eux, occupée aussi de la gondolette ; elle tient par la main une grosse et charmante petite fille, dont les grands yeux pensifs sont fixés sur les flots. Comme sa mère, elle est moins Vénitienne que Flamande ; à sa pose, au type de sa figure, on dirait un de ces enfants songeurs que Van-Dyck affectionne. Peut-être suis-je trompé par une illusion, mais je crois reconnaître en elle une petite sœur des enfants de Charles Ier. Le petit chien appartient certainement à Van-Dyck.

Je craindrais de me répéter en louant la facture nerveuse et fine, le dessin exquis de M. Hamman. Tous ces petits personnages, les deux bambins surtout, sont dessinés et peints magistralement. La touche ne saurait être plus spirituelle. Je me souviens d'avoir parlé des robes de M. Chaplin ; regardez celle de M. Hamman, et vous avouerez qu'à moins d'être un Terburg, il est impossible de peindre les plis et l'éclat moiré de la soie avec une telle perfection. En résumé, ce tableau charmant me semblerait irréprochable si les nuages étaient brossés moins négligemment, et l'eau comme le ciel moins sacrifiés aux figures.

M. Lévy et M. Tabar ne nous ont pas envoyé d'œuvres aussi importantes ; leurs tableautins tiennent, pour ainsi parler, le milieu entre l'histoire et le genre.

Sous le titre du *Jeune Enthousiaste*, M. Lévy nous offre une scène qui pourrait fournir le sujet d'un grand tableau. L'empereur Galba a été massacré, Othon a été réduit à se tuer lui-même ; l'ignoble Vitellius fait son entrée triomphale dans Rome. Les soldats de Gaule et de Germanie, vêtus de peaux hérissées et armés de longs javelots, défilent devant la statue brisée de Galba. Un gamin de Rome, juché sur le socle, agite son bonnet rouge et crie à tue-tête ; il a probablement acclamé Galba et Othon ; il acclame Vitellius, et bientôt il sera aussi joyeux et aussi bruyant, lorsque le nouvel empereur, forcé de regarder ses statues renversées à leur tour, sera traîné à travers la ville jusqu'aux gémonies. « Le peuple, dit Tacite, l'outragea mort avec la même bassesse qu'il l'avait adoré vivant. » Un chevalier romain à tête chauve, adossé au piédestal, lève la tête vers le jeune Vitellius avec une moue de mépris et de colère : c'est un ami fidèle au souvenir de Galba, ou c'est un philosophe. Cette petite toile, assez pittoresque et spirituelle, se distingue plutôt par la correction du modelé que par celle du dessin : les jambes et les pieds de l'enfant ne sont-ils pas d'une longueur exagérée?

L'apport de M. Tabar se compose de trois tableaux. Le premier représente le fameux mouvement oratoire d'*Hypéride défendant Phryné*. Il est loin d'avoir les proportions de l'œuvre de M. Gérôme, qui a obtenu à l'Exposition dernière le plus grand succès de curiosité. Au lieu de l'hémicycle rempli de personnages, nous avons ici quelques juges assis sur des bancs de pierre, en face du ciel et de la mer. Ce sujet, si favorable à la peinture, a été traité par M. Tabar avec une simplicité insouciante ; on sent qu'il n'eu a pas été amoureux comme M. Gérôme. Je n'y vois aucun mérite saillant, et je pourrais y signaler plusieurs défauts, surtout la platitude de ces juges, dont nul modelé ne fait sentir le corps. Je condamnerai l'œuvre de M. Tabar, jusqu'à ce qu'un artiste, se faisant son Hypéride me découvre des beautés cachées, que je suis tout prêt à admirer,

Je préfère le *Salvator Rosa*, dessinant au milieu de ces brigands cuirassés comme des lansquenets. La composition n'a pas non plus donné beaucoup de peine à l'auteur ; mais le groupe est bien dessiné et le site a le caractère sauvage des paysages de Salvator. La brosse de M. Tabar est franche et grasse, sa couleur assez vigoureuse. Je regrette que ces deux tableaux soient inférieurs à ce qu'il fait d'ordinaire.

La toile qui peut donner la plus juste idée de la largeur et de la puissance de cet artiste distingué, c'est (qui le croirait?) un groupe de choux et de raves, inscrit au n° 388. Je ne vous le décrirai point : regar-

dez-le, et, si vous voulez causer une grande
joie à votre cuisinière, envoyez-la dans l'an-
nexe droite de l'Exposition : je suis sûr
qu'elle tombera en extase devant ces super-
bes légumes.

CHAPITRE VII.

MM. Landelle, Diaz, E. Jandelle.

Le Salon n'est pas riche en tableaux de peinture religieuse ; ce genre n'y est représenté que par *le Réveil de l'Enfant-Jésus* et *la Charité*, de M. Diaz. Cependant *les Femmes de Jérusalem captives à Babylone* ont un caractère demi-religieux qui les place entre la peinture d'histoire et la peinture religieuse : c'est, si l'on veut, un épisode d'histoire sacrée. Le tableau de M. Landelle nous montre deux Juives qui gémissent loin de leur sainte patrie et s'étreignent dans un sentiment de douleur commune. Elles ont suspendu leurs lyres aux saules de la rive, et ne chanteront plus tant que l'exil les tiendra éloignées de Jérusalem.

« O rives du Jourdain ! O champs aimés des cieux !
» . . . .
     » Du doux pays de nos aïeux
     » Serons-nous toujours exilées? »

Ce sentiment de regret nostalgique a été rendu poétiquement par le peintre. Ces figures douces et maladives ont un charme singulier qui rappelle la tristesse touchante du *Super flumina Babylonis.* Le dessin de M. Landelle est d'une pureté et d'un style qui rappelle la manière d'Ary Scheffer, avec plus de fermeté et moins de délicatesse.

L'étude de femme juive se recommande par les mêmes qualités. C'est aussi une tête triste et mélancolique, marquée d'un caractère plus juif que les captives de Babylone.

Je me hâte d'arriver à M. Diaz, qui nous a généreusement envoyé quatre toiles. La merveilleuse souplesse de talent qui caractérise le maître éclate dans la différence des sujets. Il est peu de peintres qui soient doués d'une imagination plus facile et plus féconde. Le travail apparaît si peu dans ses œuvres, qu'il semble vraiment bien moins les composer que les laisser dédaigneusement tomber de son pinceau.

Je crains, je l'avoue, que cette rapidité merveilleuse d'exécution ne nuise au mérite de la peinture. Certes il y a dans les toiles des qualités natives et prime-sautières qui frappent les yeux du plus ignorant. La variété et la grâce de la composition, et surtout la force et l'éclat du coloris, assignent au maître une place élevée et toute particulière dans l'art contemporain. M. Diaz boit dans son verre, comme Alfred de Musset, et il y boit une liqueur généreuse, pleine de feu et de vigueur. Ce n'est pas lui qu'on accusera de manquer d'originalité et de puissance. Mais il n'est pas un peintre sans défaut « *senza errori* », comme le grand André del Sarte qui lui a inspiré le tableau de *la Charité*. Il est vraiment trop peu soucieux de la beauté des formes : on dirait que ses yeux ne sont sensibles qu'à la couleur, ou bien que sa brosse expéditive, emportée par la verve de l'imagination, ne peut se plier à la correction des lignes et à la pureté des contours. Dieu me garde de prétendre que M. Diaz ne sait pas dessiner ; mais il ne dessine que les masses, à la manière de M. Delacroix. Malheureusement un peintre, pour être complet, ne doit pas se borner là ; la préoccupation des groupes et de l'ensemble ne doit pas lui faire oublier la correction et la justesse du détail. J'admire dans M. Ingres le respect religieux de la forme, et c'est ce qui me le fait préférer à tous les autres maîtres de notre temps : car je ne crois pas que le coloriste le plus fervent, serait-ce M. Diaz lui-même, puisse jamais faire passer le charme de la couleur avant la beauté de la forme.

Voilà mes griefs contre M. Diaz : je ne goûte son dessin ni dans les lignes, ni dans le modelé. Je serais peut-être injuste pour lui, si sa couleur n'exerçait sur mon esprit son prestige inévitable. Ses enfants et ses amours, toujours gracieux d'attitude, sont d'une mollesse de contours désespérante : M. Diaz semble appliquer son coloris séduisant sur la toile sans prendre le temps d'y tracer une seule silhouette. Les figures manquent même de beauté; point de pureté ni d'harmonie dans les traits, sauf dans quelques têtes plus soignées, comme celles de *la Charité* et de *la Vierge* : tous ces visages enfantins sont plus spirituels que beaux; à cette vivacité de physionomie, je préférerais une grâce plus pure et plus idéale.

Si du visage nous passons au corps, la critique est la même. Voyez, par exemple, ce petit saint Jean si grêle et si maigre dans le *Réveil de l'Enfant-Jésus*. Les anges, surtout, offrent l'agencement de lignes le plus malheureux. Cette confusion tumultueuse de bras et de jambes rappelle les pantins dont les enfants font mouvoir les membres avec une ficelle. M. Diaz affectionne les jambes et les bras en l'air. Dans *la Caresse de*

l'Amour, la jeune fille, assez gentille et assez naïve d'ailleurs, est très bizarre avec
son bras et son pied gauche levés tous deux
à la fois. La légèreté des personnages est
sans doute un mérite qui n'est pas à dédaigner ; mais il ne faut pas tomber, en le pour-
suivant, dans l'affectation et la gaucherie.
Ce qui montre peut-être le plus clairement
le dédain de M. Diaz pour la forme, c'est la
draperie. M. Prudhomme a dit un jour que
la draperie était la pierre de touche des
grands maîtres. M. Diaz n'est pas de cet
avis ; car il traite la draperie brutalement
et lourdement. Ses éternelles draperies roses ou bleues ressemblent à celles des vieux
saints de bois, taillées à coups de hache
par un sculpteur malhabile.

Ces critiques faites, il ne me reste plus
qu'une vive admiration pour les grandes
qualités dont j'ai parlé en commençant. Les
tableaux de M. Diaz, malgré leurs défauts
évidents, ont ce charme indéfinissable qui
émane de l'œuvre seule d'un maître. Que ce
soit l'effet pittoresque de la composition ou

la magie de la couleur qui nous séduise, toujours est-il que ces toiles ont sur l'esprit une puissance singulière. Leur attrait est original comme leur facture.

Cette originalité n'est pas exempte d'imitation. On verrait bien peu de gens originaux si, pour mériter ce nom, il était nécessaire de tenir tout de soi. Un peintre peut étudier et imiter les grands maîtres, sans les copier, comme un écrivain peut se former un style qui soit bien à lui, par la lecture et la méditation des auteurs excellents. Le talent de M. Diaz de La Pena est, comme lui, d'origine espagnole. Le choix des sujets mystiques, la profusion des anges, la grâce féminine des figures, l'harmonie et la puissance de la couleur, trahissent l'influence de Murillo. On pourrait avoir un plus mauvais patron.

Un peintre tel que M. Diaz est un dangereux chef d'école. Je m'imagine qu'il est impossible d'être l'élève d'un pareil maître sans être fatalement séduit à l'imiter : mais cette imitation peut saisir les défauts du modèle, parce qu'ils sont saillants ; elle est impuissante à s'assimiler les qualités, trop -originales et trop personnelles. Je crains que M. Jandelle ne se soit mépris en essayant de *faire du Diaz*. Cet artiste a travaillé dans l'atelier de Paul Delaroche ; mais il n'y a guère appris la correction du dessin. Il s'est évidemment livré à M. Diaz avec beaucoup plus de docilité et de goût. Sa *Nymphe à la toilette* n'a pas évité les défauts du maître ; le dessin le prouve : mais elle n'a pas réussi complètement à lui dérober son coloris. Je dis complètement, car la nymphe est peinte dans une gamme fraîche et brillante. Mais où est cette tonalité inimitable qui met du premier coup, sur les toiles de M. Diaz, cette patine dont le temps couvre les peintures? Il ne faut pas imiter trop étroitement un modèle difficile, de peur de provoquer une comparaison presque toujours fâcheuse pour le disciple.

Je ne sais si M. Jandelle pourrait imiter les paysages de M. Diaz mieux que ses nymphes et ses amours. C'est là que le maître me paraît le plus inimitable. Le *Bas-Bréau* ne ressemble à aucun des paysages du Salon. Le peintre, qui n'a que des moyens de convention pour représenter la nature, cherche à obtenir, par l'harmonie et le parfait accord de ces moyens, une image qui rende l'effet et l'impression de la réalité : il poursuit la juste proportion des formes et la convenance des tons. Son œuvre, considérée isolément, semble naturelle, si cette poursuite n'a pas été vaine ; mais comparez-la à la vraie nature, regardez en plein champ la toile la plus étincelante de Claude Lorrain, vous sentirez l'immense différence qui sépare l'original de la copie. Je crois que M. Diaz est l'un des paysagistes qui pâlirait le moins devant la lumière du ciel, au milieu de l'éclat radieux de la nature. Ce qu'il recherche, en effet, ce n'est pas l'harmonie des formes et des couleurs, c'est la vigueur même de la réalité : il veut être, avant tout, un naturaliste puissant, à l'exemple de Ribera. Dans ses tableaux, les ombres ont une profondeur, les lumières une

6

intensité qui choquent d'abord les yeux habitués à une peinture moins forte. Le paysage de notre Salon étonne beaucoup plus qu'il ne charme la plupart des visiteurs. Ce feu d'artifice de verdure et de soleil cause une sorte d'éblouissement. Le luxe et la puissance des empâtements, la violente opposition des lumières et des ombres, produisent une impression analogue à celle d'un homme qui passerait de la lecture d'Athalie à la lecture d'une Orientale. Il y a dans la toile de M. Diaz une exubérance de force singulière : ce feuillage est si luxuriant et si vigoureux, qu'on serait peu surpris de voir tout à coup éclater le cadre. Je ne veux pas avancer que le *Bas-Bréau* est le meilleur paysage de l'Exposition ; mais je crois que c'est le plus merveilleux.

CHAPITRE VIII.

Le genre larmoyant. — Mlle Sermensan, MM. Meynier, Leroux, Guet.

Le genre larmoyant n'a pas en France grande chance de succès, ni en poésie, ni en peinture. Nos pères étaient rieurs et gausseurs, et ils ont bien fait de nous léguer cet heureux caractère, qui remonte, dit-on, jusqu'aux Gaulois.

« Le Français, né malin, forma le vaudeville »;

Je ne pense pas qu'il ait inventé la peinture pleureuse. Toutes ces scènes trop réelles, que quelques peintres mal inspirés retracent sur la toile, ne sont pas goûtées dans la patrie de la gaîté et de la joyeuse humeur. Je sais pourtant que le drame funèbre, né au milieu des folies du XVIIIe siècle, fait aujourd'hui les délices de beaucoup de gens qui vont au théâtre avec l'espérance d'y mouiller leur mouchoir. Mais ce singulier plaisir n'est guère apprécié des esprits délicats; il est presque entièrement réservé à la foule toujours émue par l'image de ses misères, et peu sensible à la beauté d'une œuvre d'art. Le but de l'art n'est pas de tirer des pleurs, mais de faire naître l'admiration.

Si cela est vrai, que faut-il penser de ces tableaux où nous voyons représentée non pas une scène où l'art tempère la réalité, comme *le Comte Eberhard*, d'Ary Scheffer, ou *le Tintoret peignant sa fille morte*, de M. Cogniet, mais une scène d'une réalité banale et vulgaire, qui remet sous nos yeux les douleurs de tous les jours? Quel est donc le but du peintre? S'il ne cherche pas notre plaisir, prend-il à tâche de nous causer une pénible émotion? Je lui pardonnerais cette pensée, si cette émotion contenait un enseignement. Mais, hélas! sur ce point la vie nous en apprend bien davantage.

Voilà pourquoi je n'estime ni la *Séparation* de Mlle Sermensan, ni la *Pauvre mère* de M. Meynier. Cet ouvrier, assis dans sa mansarde près du cadavre de sa femme, comme Marcus Sextus dans le tableau célèbre de Guérin, cette mère qui n'a gardé de son enfant qu'un berceau vide et quelques jouets, me choquent bien plus qu'ils ne m'émeuvent. Je préfère à ces malheureuses toiles le *Pifferaro*, qui est une bonne étude de dessin, et même l'*Épisode du Massacre des Innocents*, qui n'offre qu'un pêle-mêle de figures médiocrement dessiné et bourré d'intentions raphaëlistes.

M. Alexandre Leroux a peint la *Dernière Visite*. Le visiteur, c'est celui que l'on consignerait volontiers à sa porte, celui que l'on ne voit qu'une fois et toujours trop tôt, la mort. Elle se dresse dans son linceul blanc près du lit où s'éteint un vieillard maigre et ridé. Sa fille agenouillée a laissé sa tête retomber sur la couche funèbre et s'abandonne à sa douleur dans une attitude de désespoir, que le peintre a rendue énergiquement. M. Leroux a des qualités fort recommandables ; il dessine et modèle avec assez de correction et de justesse. Il fera sagement de renoncer à des scènes aussi lugubres. Qu'il donne de la gaîté à sa couleur en même temps qu'à ses sujets ; elle est aussi triste que sa toile, et d'une monotonie désagréable. Il faut du bitume, mais pas trop n'en faut.

M. Guet n'a pas représenté la mort, mais la misère. Un ouvrier est allé chercher du travail et n'en a pas trouvé : il rentre dans la mansarde où ses enfants attablés attendent vainement le pain quotidien. L'intention du chômage est philanthropique assurément ; mais l'exécution est du plus mauvais réalisme. On pourrait plaider la cause des ouvriers malheureux dans un tableau aussi humain et beaucoup plus agréable.

Je ne demande pas que le peintre déguise
et pare la triste réalité, ni qu'il jette des
fleurs sur la misère ; mais à quoi bon la
rendre plus hideuse et chercher l'effet dans
la laideur des types et l'aspect repoussant
de la couleur?

CHAPITRE IX.

Peinture de genre. — MM. Tissot, de Freune, Marchal, Holtzappfel, Hédouin, Luminais, Guérard, Laugée, Lobbedez, Hamon, Montfallet.

Les *Vêpres* de M. Tissot sont un des meilleurs tableaux du Salon. Cette œuvre ne se recommande pas par ces qualités *voyantes* qui sont une garantie de succès, mais par les mérites les plus sérieux et les plus difficiles de l'art. M. Tissot s'est formé à l'école sévère de M. H. Flandrin ; il est, on le voit, comme le petit-fils de M. Ingres. Ajoutez à cet enseignement si sain et si fortifiant l'étude d'Albert Dürer, de Holbein et des an-

ciens maîtres flamands, vous aurez l'origine
et la source du talent remarquable de cet
artiste. Rien de plus consciencieux, de plus
fini que sa peinture. Il est de ceux qui veulent que le dessin et la couleur fassent bon
ménage ; il ne sacrifie pas l'un à l'autre. Ce
jeune homme debout près d'un pilier, ces
femmes agenouillées devant la balustrade
du chœur, cette petite fille si raide dans son
costume bizarre, sont des types soigneusement étudiés et pleins de caractère. Les accessoires sont traités avec une vérité et une
finesse inouïes : le candélabre de fer tout
hérissé de cierges, le vitrail colorié, le vieux
christ couvert d'une robe, comme aux temps
de l'Église primitive, me semblent des chefs-
d'œuvre de science et d'exactitude. Le tableau trahit même trop l'effort et témoigne
d'une trop longue patience. Il gagnerait à
être moins chargé de détails et plus simple
d'aspect. La couleur est sévère comme le
dessin ; mais quelle justesse et quelle douce
harmonie ! L'œuvre de M. Tissot ne caresse
point le regard ; elle le retient et le fixe :

c'est un de ces tableaux qui bravent l'analyse la plus minutieuse et sont plus goûtés à mesure qu'on les contemple davantage.

Voici une peinture d'*enterrement*, que le public n'admire guère, et qui ne trouvera pas un acheteur. M. de Frenne le savait ; mais il a voulu non pas fabriquer un article de vente, mais composer une œuvre d'art. Il y a réussi. Son tableau, largement peint, offre une variété de détails et une unité d'effet remarquable. Tous ces vieux débris de la glorieuse armée, réunis autour d'un camarade qu'ils ne tarderont pas à suivre, forment un spectacle touchant. La diversité et le caractère des physionomies m'ont frappé : la difficulté était réelle ; M. de Frenne l'a fort habilement surmontée.

Dans la *Salle des Brasseurs à Anvers*, l'artiste s'est donné moins de peine. Un seul personnage, un moine, anime cette solitude. Ici l'homme n'est que l'accessoire ; le tableau est pour ainsi dire le portrait vigoureux et sans doute fidèle d'une salle qui ne s'attendait pas à tant d'honneur.

Regardez cette *Veuve* alsacienne qui sort de l'église avec son petit enfant. Elle est jeune et déjà veuve : sa douce figure que font pâlir ces noirs vêtements de deuil, a le caractère triste mais résigné d'une infortune que la prière vient d'adoucir. Il lui reste d'ailleurs la meilleure des consolations, un enfant blond et rose qui lui ressemble : il est sérieux et tout empreint d'une gravité naïve, comme s'il comprenait déjà la douleur maternelle. L'œuvre de M. Marchal est pleine de ce charme intime et familier qui est comme la marque de toutes ses toiles : il pourrait au besoin se dispenser de les signer. On reconnaîtrait aisément cette simplicité gracieuse, cette naïveté de touche, et cet air de franchise et de vérité qui distinguent l'artiste.

Qu'il est heureux le jour du *Retour* après une guerre ou une croisade lointaine ! Les filles du guerrier accablent de leurs plus vives caresses un père qui aurait pu ne pas revenir : elles se livrent à tous les élans de leur joie et rivalisent de tendresse. M. Holtzappfel a donné à ces deux sœurs une grâce de pose et de sourire charmante ; seulement, comme dit Bassecour dans les *Faux Bons-hommes*, je trouve le père bien grave et bien raide, c'est à peine si une légère expression de contentement anime sa placide figure. Il a vraiment autour de la poitrine l'*œs triplex* dont parle Horace. Au demeurant, la peinture est large et solide.

M. Hédouin a fait une excursion dans le domaine de M. Zo ; il en a rapporté une toile pleine de fraîcheur et de charme. Je ne sais pas de peinture plus gaie et plus doucement lumineuse. Un convoi de *Colporteurs espagnols*, hommes et femmes, juchés sur des mulets ou cheminant à pied, traverse une solitude bornée à gauche par la muraille abrupte d'une sierra. A droite, un muletier s'est agenouillé devant une mare où il se désaltère tout à son aise. Un autre, monté sur un cheval, passe un petit pont jeté sur un mince ruisseau. La disposition des personnages est très pittoresque ; mais ce qui me fait surtout plaisir, c'est la fermeté du dessin. Bien des peintres négligent les figures de petite taille, sous prétexte qu'elles sont vues dans l'éloignement. M. Hédouin dessine ces proportions lilliputiennes avec une précision exempte de recherche et de minutie : ses personnages plaisent de près et de loin. La touché du savant artiste est juste et fine ; la couleur franchement posée accuse nettement le relief et l'ombre. La gamme des tons est extrêmement douce et caressante : je regrette seulement que la toile, sauf un coin de ciel trop bleu, soit tout entière baignée d'une lumière lilas-rose ; la peinture est monotone à force d'être harmonieuse. Il faut féliciter le jury d'avoir acquis cette jolie toile pour la loterie ; mais je féliciterai bien plus l'heureux sociétaire qui la gagnera.

M. Luminais s'annonça comme un futur maître par son *Pâtre breton*, l'une des plus jolies toiles du Salon de 1852. Il est en train de remplir ses promesses. La Bretagne a porté bonheur à bien des peintres depuis vingt ans. M. Luminais est l'un des chefs de la phalange bretonne avec MM. Adolphe Leleux et Breton. Il reproduit avec un amour tout patriotique la physionomie naïve de ce pays si fidèle aux mœurs antiques, où les choses et les hommes ont un si frappant caractère d'originalité.

Regardez cette *Sortie d'École*. Quel contraste avec cette avalanche tumultueuse, effarée et criante de l'*École turque* de Decamps ! Au lieu de petits sacripants mahométans, ce sont de sages petites Bretonnes qui sortent d'une école de religieuses. Elles s'avancent en bon ordre, avec une sorte de componction plaisante. Elles n'osent encore babiller ; mais la joie commence à respirer sur leurs traits, toute prête à éclater bientôt, quand elles ne seront plus sous l'œil de ces religieuses si bonnes et si redoutées. Ce tableautin est charmant de naïveté gracieuse et spirituelle.

J'aime aussi beaucoup cette *grande sœur* qui soulève avec effort son *petit frère* jusqu'au bénitier de l'église rustique. Le groupe est très vrai et très heureux de mouvement, et la fillette est fort jolie avec son teint rose et ses grands yeux bruns.

Si M. Luminais est un des peintres jurés de la Bretagne, il ne s'est pas adonné uniquement aux scènes bretonnes. Il a beaucoup étudié ce qu'on peut appeler la peinture de chasse; il excelle à peindre les chasseurs armés en guerre et montés sur leurs chevaux, au milieu de la meute bruyante que les piqueurs peuvent à peine contenir. Le Salon nous offre trois épisodes d'une chasse à courre. Le *Rendez-vous* est une peinture décorative pleine de vie et de mouvement. Deux chasseurs grimpent au pas de leurs chevaux une pente assez rude, au bout de laquelle se trouvent une chaumière et un carrefour, où chiens, chevaux et chasseurs arrivent de tous côtés : c'est une véritable invasion. D'autres, plus matineux, sont déjà au rendez-vous et reçoivent les retardataires avec des coups de chapeau et des serrements de main. Une énorme meute se tient auprès de la maisonnette, serrée et immobile sous l'œil des piqueurs;

un couple ardent entraîne un jeune garçon
qui se renverse en arrière pour les retenir,
mouvement déjà exprimé par le peintre
dans le *Retour de chasse* du dernier Salon.
Mais le plus joli coin du panneau, c'est, à
mon gré, le premier plan de gauche. Un
chien boit avidement dans l'eau d'une mare
ombragée par de grands arbres ; son camarade de chaîne résiste et fait effort de ses
quatre pattes pour revenir en arrière : ce
couple est dessiné avec une vérité et un esprit inimaginables. Ce qui me gâte cette
jolie toile, c'est la lourdeur opaque des arbres, dont la silhouette se découpe sur le
ciel vaporeux avec une sécheresse désagréable.

Le Passage du Gué nous offre aussi des
chasseurs et des chiens sur une toute petite
toile. On y trouve les mêmes qualités pittoresques, la même entente du dessin et de
la couleur. Quelques chasseurs traversent
un frais ruisseau bordé de saules, tandis
que la tête de la colonne enfile un chemin
qui se dirige en droite ligne vers la crête

d'un aride coteau. Cette petite scène, enveloppée dans la vapeur argentée du matin, est tout à fait bien réussie.

Je lui préfère pourtant *le Défaut*. Trois ou quatre chiens viennent de perdre la trace de la bête, et sont arrêtés, indécis et hésitants, au milieu d'une pente verte hérissée çà et là de buissons. La silhouette d'un chasseur apparaît derrière l'arète d'une colline et se détache sur un ciel grisâtre. Je ne crois pas qu'on puisse peindre les chiens dans des poses plus vraies et plus pittoresquement variées, avec une telle sûreté de main et une telle solidité de pâte. On reproche généralement à ce joli tableau la crudité du ton. Il me semble que c'est bien là la vigueur d'une verdure toute imprégnée de rosée et éclairée par les rayons d'un soleil déjà ardent. Un léger glacis suffirait d'ailleurs à éteindre un peu ce que la localité peut avoir de trop vif, et mettrait ce petit chef-d'œuvre à l'abri des reproches. Ce que je loue surtout, chez M. Luminais, c'est le courage qui les lui a fait braver : il a peint ce qu'il voyait sans *ficelles*, avec une franchise et une loyauté de touche malheureusement trop rares.

Les deux Mamans de M. Guérard sont réunies dans une chambre rustique, autour d'un joli petit enfant qui les occupe toutes deux. La mère le tient sur ses genoux, tout près du sein qui le nourrit ; la grand'mère, inclinée vers son ouvrage, jette sur lui un regard oblique à travers ses lunettes. Cette petite scène familière est agréablement composée : la jeune maman est une figure insignifiante qui ressemble bien peu à une campagnarde ; mais la vieille est une figure trouvée : sa pose et sa physionomie sont d'une vérité fort amusante.

La *Partie de main-chaude* a ce même caractère. Comme cette jeune et robuste Toinon frappe de bon cœur ! Le patient doit être son amoureux ; c'est là une caresse comme celles de la grosse Thomasse dans le *Festin de Pierre*. Les petites filles veulent aussi donner leur coup ; elles sont serrées les unes contre les autres, et tiennent déjà la main en l'air prête à frapper. Derrière elles se groupent les grandes personnes, aussi intéressées par le jeu que les plus petites : un jeune campagnard se dresse même sur ses sabots, de peur de perdre le plaisir d'une de ces vigoureuses taloches qui échaudent la main de son camarade. La composition est très animée et plaît par une certaine naïveté qui témoigne chez l'auteur d'une remarquable faculté d'observation. Je suis moins satisfait du dessin, qui est un peu lourd et dénué d'élégance : si l'on excepte deux ou trois jeunes femmes, et surtout la petite fillette placée sur le devant du tableau, tout le cercle rustique a été peu flatté par le peintre, qui aurait pu se montrer moins réaliste sans cesser d'être vrai. L'horizon borné de la toile, qui manque complètement de pittoresque, et la couleur un peu terne enlèvent quelque chose au mérite de l'œuvre.

L'*Assaut*, titre terrible qui fait songer à la tour Malakoff ou à la tour de Solferino ! Grâce à Dieu, la bataille n'est pas bien ter-

rible, malgré le sang répandu ; et, s'il y a
des blessés, il n'y aura pas de morts. Les
gamins de village que M. Laugée peignait
sortant de l'école, au Salon de 1861, ou-
blient le magister et sa férule, dans une
lutte acharnée à coups de boule de neige.
Les uns, postés sur un tertre, défendent la
position ; leurs ennemis s'efforcent de grim-
per sur une pente glissante, s'aidant, se
soutenant, se poussant les uns les autres,
comme nos aïeux les Gaulois à l'assaut du
Capitole. Le plus leste a saisi un de ses ad-
versaires et roulerait avec lui si tout le
camp d'en haut, rangé à la file et tirant
comme en seul homme, ne retenait le camarade par sa blouse. Au premier plan, un
gamin glisse et tombe à la renverse en ou-
vrant de grands yeux épouvantés ; heureusement ses frères d'armes sont là pour l'arrêter : deux autres grimpent en rampant,
laissant voir une chemise couleur Isabelle,
à un endroit où elle est bien *indispensable,*
comme disent les Anglais. Un autre com-
battant, retiré de la bataille, le genou en-

touré de son mouchoir, essuie son nez sai-
gnant avec sa chemise, sans songer qu'il
laisse son ventre à l'air ; son frère, accroupi
auprès de lui, se retourne vers l'auteur de
l'accident en criant et en fronçant le sourcil
d'un air colère qui contraste avec la mine
piteuse du blessé. Cependant une recrue
de vauriens accourt à toutes jambes du
village, qu'on entrevoit dans le fond avec
ses toits blancs de neige, sous un ciel rougeâtre et traversé par un vol d'oiseaux voyageurs. Tous ces épisodes de bataille ont
été tracés par l'artiste le plus spirituellement du monde. Ces bambins villageois,
coiffés du képi ou vêtus du pantalon rouge
que le grand frère a rapportés de l'armée,
luttent, courent, grimpent, glissent et lan-
cent les boules de neige avec un entrain
tout à fait divertissant. La composition est
variée sans manquer d'unité, et le dessin
montre clairement que M. Laugée se repose de la peinture d'histoire en peignant
le genre. Les *embus* empêchent, je crois, de
bien juger de la couleur : sinon, j'observe-

7.

rais que les gamins debout sur le tertre ont été disgraciés du peintre; leurs figures manquent absolument de relief; la bande entière semble aplatie et collée sur le ciel comme une découpure.

M. Lobbedez expose quatre toiles fort inégales. Je passe, sans mot dire, sur la *Petite Bohémienne*, trop pareille au *Premier Chagrin* de M. Caille; sur la *Berceuse*, petite toile de nulle importance, et sur le *Calvaire en Belgique*, qui présente un joli effet de lumière. Le tableau qui peut donner la meilleure idée du talent de M. Lobbedez, c'est l'*Intérieur de Sacristie*. Cette gracieuse peinture, dont la simplicité se passe de description, est traitée avec beaucoup de soin et de finesse spirituelle. Je demande bien pardon de répéter si souvent ce dernier mot, mais pourquoi nos peintres de genre ont-ils tous de l'esprit?

Sera-ce M. Hamon qu'on accusera d'en manquer? Hélas! non; il en a beaucoup trop et ferait bien d'en revendre. Son imagination ingénieuse trouve en abondance

les sujets gracieux et piquants. On connaît,
au moins par ouï-dire, les toiles néo-grec-
ques qui ont fait si rapidement la réputation de l'artiste. Cette heureuse veine de
fantaisie antique n'est pas encore épuisée;
mais déjà la fatigue de l'auteur se trahit, et,
dans ses dernières compositions, la recherche des motifs originaux tombe dans l'obscurité et l'affectation. M. Hamon s'est atta-
ché à une muse qui s'est lassée de lui et
qui l'abandonne. Qu'il fasse comme elle,
et revienne à la nature qui ne trompe
jamais.

C'est dans ce monde de convention où il
s'est plongé, que le peintre a trouvé cette
Espérance, si peu digne des beaux vers de
Lamartine qui l'ont inspirée. Cette puérile
et prétentieuse allégorie est aussi loin de la
grande image du poète, qu'un bouquet à
Chloris d'une toile du Poussin. Lamartine
exprime avec une énergie admirable ce sentiment de désespoir avec lequel nous voyons
le temps s'enfuir, entraînant dans sa course
irrésistible notre jeunesse, nos joies et nos

affections. L'esquif rapide qui nous emporte sur l'océan des âges, ne s'arrête jamais, et, malgré nos vœux et nos plaintes, vogue sans perdre de temps vers la rive fatale. Qu'a de commun avec cette magnifique poésie, cette Espérance qui mène si doucement la coquille de noix où repose un enfant, sur une mer unie et dormante? Si M. Hamon a voulu faire un rébus, il a réussi. Avouons, à son excuse, qu'il nous a donné le mot lui même, pour ne pas torturer notre esprit : il a écrit sur le corsage le nom d'*Espérance*, comme ces peintres naïfs qui, se défiant de leur talent, écrivaient jadis au-dessous de leurs personnages : « Ceci est Notre Seigneur; ceci est la Sainte Vierge. »

Je ne suis sévère pour la toile de M. Hamon que parce que j'estime très haut son mérite. Un de ses camarades d'atelier m'a répété souvent que les académies les plus *fortes*, celles que M. Delaroche appréciait le plus, étaient peintes par M. Hamon. Qu'il se souvienne toujours de ce temps, et quitte la convention précieuse et affectée pour revenir à la vérité et au naturel.

Le Salon possède encore plusieurs toiles de genre, malheureusement plus remarquables par leurs défauts que par leurs qualités. Il y a pourtant de bonnes études de têtes dans les *Parasites hués par le peuple*, de M. Baader : l'abêtissement de l'ivresse est habilement exprimé sur cette face souriante qui rappelle le masque de Vitellius : le vieux parasite honteux, emportant ses légumes, contraste heureusement avec son insouciant compagnon. Mais les autres figures, resserrées d'ailleurs dans un cadre trop étroit, n'ont aucun caractère ; et le modelé ainsi que la couleur laissent trop à désirer. — Des toiles de M. Bachelin je ne citerai qu'une seule, *Mes Fleurs*, la plus petite mais la plus soignée. Ce vieux brave en retraite avec sa mine rébarbative produit un effet assez piquant au milieu de toutes ces fleurs riantes. Je ne sais pourquoi ce personnage me rappelle *l'ours et l'amateur des jardins* : il a l'air d'être à la fois l'un et l'autre, comme le maître Jacques de l'*Avare* est en même temps cocher et cuisinier. — Je regarde comme deux péchés la *Fille aux Oiseaux* et la *Partie de Cartes*. M. Legras s'est perdu dans l'imitation d'Ary Scheffer, dont les charmantes *Mignon* ressemblent peu à cette fade et insipide figure : M. Tordeux s'est perdu dans le réalisme le plus insignifiant. Je souhaiterais au premier de ces tableaux plus de réalité et au second beaucoup plus d'idéal.

La *Consultation* peut me servir de transition pour passer de la peinture de genre à ces petits tableaux, dont le mérite suprême est la délicatesse de la touche et le fini du travail. M. Montfallet semble prendre pour modèle Gérard Dow et M. Meissonnier. La *Consultation* rappelle un peu la *Femme hydropique*. Le jeune docteur qui tâte, montre en main, le pouls de la malade, porte ce costume du xviiie siècle, si cher à l'auteur de la *Partie de Piquet*. C'est le meilleur personnage de la toile ; celui qui devrait être le principal, est le seul complètement manqué : si l'évanouissement défigurait ainsi, jamais une jolie femme ne tomberait en pâmoison. Les accessoires, table, verres, tasses, etc., sont peints avec cette longue patience de Gérard Dow, qui n'est pas, quoi qu'on dise, du génie ; mais tous ces objets font plaisir à voir comme une difficulté vaincue.

CHAPITRE X.

La petite peinture. — MM. Meissonnier, Chavet, Fortin, Plassan, Duverger, Seignac, Trayer, Richomme, Cellier, Édouard Frère, C. Jacquand, Jeanron, de Beaumont, Brion, Beaume, Jules Caudron, Conder, Leroy, Pécrus; Mme **Nivet-Fontaubert.**

Petits appartements, petits tableaux. On dirait que la peinture suit les vicissitudes de l'architecture moderne, et proportionne le cadre des toiles aux dimensions exiguës des salons d'aujourd'hui. Avisez-vous donc de suspendre un Rubens dans une salle de quatre mètres carrés! Ce qu'il faut, c'est un

tableautin qui se dissimule autant que faire
se peut, dont les proportions soient mignonnes, dont la peinture microscopique
soit capable de charmer un myope. Aussi
les artistes qui répondent à cette exigence
moderne et au goût public, se multiplient-
ils tous les jours. J'ai même grand' peur que
la décadence de l'architecture intérieure, laquelle, de grandiose, est devenue mesquine,
n'entraîne la décadence de la peinture, fatalement esclave d'une grande sœur qui la
loge et qui l'abrite.

M. Meissonnier est le coryphée de cette
nombreuse phalange. Imitateur des Flamands, surtout du divin Metzu, il a fait
naître à son tour une foule de disciples, qui
s'honorent de lui ressembler. M. Meissonnier pouvait se distinguer dans la grande
peinture, il a préféré être roi dans la petite.
César aurait mieux aimé être le premier
dans un pauvre village des Alpes, que le
second à Rome.

Nous n'avons pas, au Salon, l'occasion
d'admirer la pâte si solide, la couleur si bril-

lante, le modelé si fin, la touche si spirituelle du maître. Mais nous avons du moins
un dessin où l'on trouve assez de sujets d'admiration. Ce n'est pas une de ces compositions à un seul personnage, si familières à
l'artiste, c'est une réunion de routiers ou
de bravi qui jouent aux dés dans une salle
d'auberge. Au premier abord on croit voir
un barbouillage confus : regardez avec attention, vous ne vous lasserez pas d'étudier
le naturel et la variété des attitudes, le caractère et l'esprit des physionomies. La
Rochefoucauld a dit : « Quelque découverte
» qu'on ait faite dans le pays de l'amour-
» propre, il y reste encore bien des terres
» inconnues. » On peut appliquer le mot à
une composition de M. Meissonnier.

M. Chavet est un imitateur très heureux
du grand artiste. Il a aussi beaucoup d'esprit avec plus de naïveté peut-être. Mais
c'est le même soin scrupuleux, la même
finesse de pinceau, la même vivacité de coloris. Oubliez M. Meissonnier, et M. Chavet
vous paraîtra passé maître. Ses *Arlésiennes*

sont charmantes de vérité : quelle bonne leçon de couture prend cette petite fille joufflue debout à côté de cette jolie couturière au visage ovale et fin! La couleur est charmante comme le dessin : je la souhaiterais pourtant un peu moins noire dans les ombres, et un peu moins heurtée ; il y a là trois notes vibrantes, le noir, le blanc et le rouge, dont l'accord n'est pas parfait. M. Chavet me répondra que je dois m'en prendre au costume méridional dont il a reproduit les brusques oppositions. L'artiste lui-même est né à Aix : à ce compte, il aime ces tons éclatants, comme toute l'école de peintres distingués qui font aujourd'hui la gloire de Marseille. Les méridionaux donnent à leur peinture leur propre caractère ; ils adorent les couleurs vives et les antithèses violentes, comme les épices dans la cuisine, la vivacité du geste et l'éclat de la voix : ils ne connaissent guère les nuances, en peinture comme ailleurs, et la modération est leur moindre défaut. Si M. Chavet pouvait un peu modérer la force de ses tons, il y gagnerait beaucoup et ses admirateurs aussi. M. Chavet est un élève de M. Roqueplan, Provençal comme lui et grand coloriste. M. Fortin est Parisien ; mais il a étudié dans le même atelier. Il se distingue par des qualités analogues. Son *Fumeur breton* est d'une bonne couleur et d'une touche plutôt vigoureuse que délicate. La figure de la petite fille assise près du pot-au-feu, et tout occupée de la pipe de son père, est pleine de grâce naïve.

Voici trois peintres bordelais amoureux de la peinture coquette. M. Plassan expose une *Toilette* d'un fini précieux. La glace qui nous montre le visage de la dame me gâte un peu la toile : c'est un effet dont on a abusé, et, de plus, l'image réflétée a trop de valeur. Mais quelle délicatesse dans tous les détails de cette petite personne ! Quelle jupe délicieusement chiffonnée ; on ne peut lui reprocher qu'un peu de raideur sur le devant. Le corset est mal modelé ; mais, en revanche, les épaules le sont adorablement et avec une finesse de ton merveilleuse. Je

ne parle pas des meubles et de la bergère
que l'artiste a caressés aussi soigneusement
que le personnage même.

M. Duverger nous offre aussi une *Toilette*.
Au lieu d'un personnage, il y en a deux.
La dame, en déshabillé, est paresseusement
assise, tandis que sa camériste déroule et
arrange ses cheveux bruns. La pose est
naturelle et heureuse, et la touche presque
aussi méticuleuse que celle de M. Plassan.
La couleur de la jupe, jaune-serin, si chère
aux petits peintres, forme un très joli accord avec le ton des linges et de la peau.

M. Seignac nous fait assister à une leçon
de lecture. Sa peinture n'est pas coquette,
comme celle de ses deux compatriotes. Son
dessin n'est pas aussi sûr et aussi correct,
et sa couleur un peu terreuse n'est pas
« faite à souhait pour le plaisir des yeux. »
Ce qu'il y a d'estimable dans cette petite
scène, c'est un sentiment assez juste de la
réalité intime et familière.

Je préfère beaucoup, dans le même genre,
l'*Ouvrière* de M. Trayer. Rien de plus vrai

de pose, de plus frais de ton, de plus finement touché que cette jeune femme qui se penche pour attacher le bonnet de cette fillette aux cheveux blonds et bouclés, au teint si rose et si transparent. M. Trayer est certainement l'un des exécutants les plus habiles de la petite peinture.

Ce qu'il y a de plus remarquable dans la *jeune Femme lisant*, de M. Richomme, c'est une robe de soie et une mandoline : la première, surtout, fait illusion tant elle est vraie. Je crois que le peintre a fait la femme pour la robe, et non la robe pour la femme, dont la figure est plate et insignifiante. Si j'avais la joie de posséder le *Liseur* de Meissonnier, je ne lui donnerais pas pour pendant la *Liseuse* de M. Richomme.

Le *Peloton de Laine*, de M. Paul Cellier, est une toile beaucoup mieux réussie à mon gré. Ici, au contraire, la robe est sacrifiée à la personne : elle serait même d'une couleur plus agréable et d'un dessin moins sec et moins raide, que ce mérite ne nuirait en rien au charme de la jolie dame qui la

porte. La peinture est un peu légère et lavée (le grand défaut de la peinture actuelle!);
mais l'image qui se réflète « dans le transparent miroir » ne manque ni de grâce, ni
d'agrément. La jeune femme est d'une figure fort douce et fort avenante : mais je
goûte peu ses mains par trop aristocrati-
ques. La cheminée, le paravent, la vieille
tapisserie avec ses hérons « au long bec
emmanché d'un long cou, » sont très habilement rendus.

M. Édouard Frère n'est représenté que
par une petite toile, la *Curieuse.* On peut
dire, sans jeu de mots, qu'elle est très cu-
rieusement peinte ; la hotte surtout, le chou
et les carottes du premier plan sont des
chefs-d'œuvre de fini. La curieuse elle-même
est gentille, bien posée et d'une très bonne
couleur. Mais j'aimerais bien mieux avoir à
critiquer, je veux dire à admirer un tableau
comme la *Bataille* de boules de neige ex-
posée au salon dernier. Il eût été intéres-
sant de la comparer à l'*Assaut* de M. Laugée, et de voir comment deux peintres de

grand talent conçoivent diversement le même sujet.

Il nous est encore bien plus difficile de juger le mérite de deux peintres de renom, MM. Jacquand et Jeanron, d'après les peintures microscopiques qu'ils nous ont envoyées. Le *Bandit des Abruzzes* est pourtant une toile qui trahit la main d'un maître. Le *Jeune Peintre* de M. Jeanron me plaît moins; cependant la couleur en est assez chaude, et le désordre d'un atelier y est rendu assez pittoresquement. Je goûte peu le *Jeune Armurier* de M. de Beaumont; la couleur en est trop fade : la figure du jeune homme est du même ton que la muraille; les armures n'ont pas cet éclat et ces reflets vifs de l'acier qui auraient pu égayer la toile. Mais la touche se distingue par une certaine largeur peut-être un peu affectée.

M. Brion n'est pas un nom très ancien; mais la peinture des mœurs alsaciennes a fait, depuis quelques années, à cet artiste, une réputation que le *Siége d'une ville par*

les Romains a consacrée au Salon de 1861.
Il nous offre aujourd'hui une jolie scène
pleine de grâce et de naïveté. Un *Grand-Père*
enfoncé dans son vieux fauteuil de chêne
sculpté, fait sauter un polichinelle sur sa
culotte de velours fané ; son petit-fils, un
enfant aux yeux bleus, peu vêtu, comme il
sied à l'innocence, se tient sur l'autre genou et regarde sauter le pantin avec un air
de ravissement. Ce petit rien, dessiné et
peint de main de maître, a ce don si rare
qu'on appelle le charme.

Il y a aussi une gentillesse charmante
dans la *Leçon de Danse* de M. Beaume. Les
danseurs sont des chiens qui font assez
bonne figure dans leurs habits en loques,
et s'agitent en cadence au son du tambour ;
un âne qui passe sa tête curieuse à travers
la crèche, forme la galerie. Ce tableautin
ressemble à un petit Decamps : il y a même
le mur blanc et lumineux dont le maître
coloriste aimait à éclairer ses tableaux.

M. Jules Caudron expose trois toiles
d'une couleur terne et grisâtre. La meil-

leure me semble les *Mousses de Cayeux.* Un mousse accroupi taille une pièce de bois pour son petit navire sous les yeux de son jeune frère. Cette bluette ne manque ni de naïveté, ni d'agrément.

La miniature par excellence, ce sont les trois tableaux de M. Couder, un peintre d'histoire! Mais on peut mettre du talent et du savoir dans des peintures grandes comme la main. C'est ce qu'a fait M. Couder : la *Perruche,* et surtout les *Fleurs* et le *Gibier* semblent faits exprès pour décorer les appartements d'une poupée millionnaire.

Avec M. Leroy nous revenons à la peinture des femmes mignonnes. La *Prière,* la *Mauvaise Nouvelle* et la *Femme faisant de la Tapisserie* sont agréablement peintes. Mais pourquoi dépenser tant de soins, tant de patience à faire des œuvres de nulle portée? M. Leroy est assez maître de son pinceau pour ne pas s'enfermer à perpétuité dans ce petit monde.

M. Pécrus semble n'avoir qu'un modèle. Sa *Femme jouant de la Mandoline* et sa

Femme prenant un verre d'eau sont deux éditions de la même personne. La pose n'est pas plus variée que le personnage : la dame veut toujours voir son monde en face. M. Pécrus a une habileté de main et une préciosité de pinceau qu'il pourrait employer à mieux.

Mme Nivet-Fontaubert soutient avec plus de succès que M. Pécrus l'honneur de la peinture limousine. Elle peut tenir son rang parmi les bons peintres du petit genre. Ne lui demandez pas une grande pureté de dessin : contentez-vous d'admirer l'entente pittoresque de ses gracieuses compositions, et surtout la solidité et l'harmonie vraiment remarquables de sa couleur. Mme Nivet a reçu du ciel ce don si rare que ne peut donner la plus longue expérience. On devient dessinateur comme on devient orateur ; mais on naît poète et coloriste. Rien de plus habile ; je me trompe : rien de plus heureux et de plus trouvé que cette succession si douce et si harmonieuse des tons ; rien de plus naturellemement vigoureux que cette richesse du coloris. Mme Nivet joue avec la gamme de sa brillante palette, comme un musicien exercé improvise une mélodie en laissant ses doigts errer négligemment sur le clavier.

Je recommande surtout, à ce point de vue, l'*Idylle* et la *Sortie du Parc*. Une certaine chèvre couchée, d'une espèce inconnue, corrompt un peu le plaisir que donne la première toile ; mais tout le reste est charmant. La *Sortie du Parc* est pleine d'un sentiment poétique, qui rappelle les plus jolies toiles de M. Baron. On voudrait tenir compagnie à ces bienheureuses habitantes d'un Eden plein de lumière, de verdure et de fleurs. Convention, si l'on veut : cette convention me fait rêver d'un monde enchanté et me cause mille fois plus de plaisir que les chefs-d'œuvre du réalisme engagés dans une lutte inégale avec la nature. J'ai dit que Mme Nivet était née coloriste : on n'a, pour s'en convaincre, qu'à regarder cette petite toile : on peut même se borner à contempler cette jolie brune à la robe

jaune semée de bouquets. Le dessin en est
très heureux, mais je ne m'en inquiète pas :
je tiens seulement à faire remarquer la tonalité si harmonieuse de cette figure, où le
jaune de la robe, le blanc du fichu, la
chaude transparence de la peau et la couleur brune des cheveux se fondent et se
marient dans un si merveilleux accord. Si
l'artiste éteignait un peu la vigueur des
premiers feuillages de droite, et éclairait
le ton un peu vert du ciel, cette mignonne
composition réduirait la critique au silence.

CHAPITRE XI.

**Paysage classique. — MM. Paul Flandrin, de Cur-
zon, Bellel, Desjobert.**

Un paysagiste qui se préoccupe plus de la grandeur et de la beauté des lignes que de la vérité de la couleur, qui cherche à mettre dans son œuvre sa propre pensée plutôt qu'une image fidèle de la réalité, qui, en un mot, se soucie plus de plaire à l'esprit que de réjouir les yeux, est un classique en paysage.

M. Paul Flandrin est l'un des maîtres du paysage classique. Il est, comme son frère, élève de **M. Ingres**; c'est pourquoi, sans dédaigner la couleur, il la néglige un peu pour donner toute son attention, toute sa force, tout son amour au dessin. Il cherche non les couleurs, mais les formes dans la nature : il ne s'établit pas en plein vent, en face d'un agréable site, pour le faire passer sur sa toile avec l'exactitude servile et irréfléchie d'un appareil qui fait de l'art comme **M. Jourdain** faisait de la prose, sans le savoir. Il étudie et interprète la nature ; il ne la copie pas, comme certains portraitistes qui ne trouvent que la ressemblance d'épiderme. Il l'écoute parler, il recueille ses impressions et les fait revivre sous ses pinceaux ; il nous transmet plutôt le langage que l'aspect même de la nature. Le grand malheur de cette peinture si sérieuse et si *intelligente,* c'est que tout le monde ne peut la sentir : les yeux comprennent aisément une peinture qui ne cherche qu'à se faire voir, ils ne comprennent pas toujours une peinture qui veut parler à l'esprit.

De là vient l'indifférence publique à l'égard des toiles de M. Flandrin. On demande à grands cris la nature : M. Flandrin apparaît avec elle, comme un acteur qui ramène sur la scène une *prima donna*, et le public en est choqué, parce qu'il ne veut applaudir que la nature. Je ne suis pas aussi sévère et je les applaudis de compagnie : je ne trouve pas la nature moins aimable et moins belle, quand l'esprit de l'homme l'a marquée de son empreinte.

Si l'on se pénètre de cette idée, on ne sera plus injuste pour M. Paul Flandrin. On lui permettra de transformer quelque peu les sites qu'il représente, d'enlever, si l'on veut, à la campagne un certain parfum de grâce et de fraîcheur, en admirant le caractère de grandeur et de beauté que prend la nature dans cette heureuse métamorphose. Je sais que je ne convertirai point les amoureux de la couleur vigoureuse, qui ne pardonnent rien aux purs dessinateurs ; mais si l'on peut se contenter de la sobriété et de l'harmonie du coloris, et si l'on est surtout sensible à la mâle et sévère beauté de la forme, on goûtera le *Nid de l'Aigle* et surtout les *Bords du Gardon*. J'accorde que ces paysages ont une sorte d'immobilité marmoréenne, que tous les contours affectent une fermeté et une précision excessives ; mais cette négligence de la réalité donne justement à ces toiles leur mérite précieux : celui de la forme. Ces terrains, ces troncs, ces feuillages ont une tournure et une physionomie expressives : le paysage n'a pas le mouvement et l'agitation qui donnent l'appparence de la vie ; il a cette immobilité pensante qui fait la grandeur de la statuaire : « *spiritus intus alit.* » Les paysages ordinaires frappent tout d'abord par leur air de vérité, mais ce parfum léger s'évapore bien vite. Ils ressemblent à des gens qui disent du premier coup tout ce qu'ils ont dans l'esprit ; le premier jour ils sont charmants, le lendemain ils ne le sont plus, parce qu'ils le sont ni plus ni moins que la veille. Un tableau de M. P. Flandrin a beaucoup plus de choses à dire : aussi peut on l'écouter beaucoup plus longtemps sans ennui. Autre supériorité : comme il ne doit pas son mérite à la couleur, son charme peut se multiplier par la gravure. Épreuve périlleuse, que les maîtres sont seuls capables de supporter !

M. Alfred de Curzon est un élève de l'école de Rome, mieux né pour le dessin que pour la couleur; il était prédestiné à être un paysagiste classique. Il a ce respect du dessin, cet amour de la forme, dont je parlais tout à l'heure : et ce que la nature lui avait refusé, la couleur, il est arrivé à l'atteindre, autant qu'on le peut, par la force de sa volonté. Il n'aura jamais, apparemment, l'éclat et la vigueur d'un Claude Lorrain ; mais il a quelque chose de l'harmonie sobre et forte du Poussin, le plus grand peut-être des paysagistes, en dépit de la couleur. Comme lui, quoique à un degré inférieur, il est un vrai peintre par la vertu du dessin. Nous n'avons pas de M. de Curzon les *Bords du Gardon,* exposés à Paris en 1857, et qui nous auraient offert l'occasion d'une comparaison instructive avec l'œuvre de M. Flandrin. Les *Environs de Civita Castellana* et le *Gardeur de Buffles dans les marais Pontins* suffisent pour nous faire goûter le rare mérite du jeune artiste. Ces deux tableaux, dessinés et peints avec une suite et une logique admirables, ont un charme sévère et profond. Le premier surtout, simple étude de rochers mêlés de ruines, éclairés dans le fond par une chaude lumière, et baignés d'ombre transparente au premier plan, frappe par une mâle austérité de lignes et une remarquable entente du clair-obscur.

La *Vue prise à Tauves (Auvergne)* et la *Forêt de Chantilly*, de M. Bellel, me plaisent par les mêmes qualités. J'y vois la recherche consciencieuse du style, et comme une sympathie profonde de talent avec M. Aligny, le grand apôtre du paysage classique. La couleur manque d'éclat et de vérité sans doute; mais tous ces objets inanimés ont une attitude et un galbe pleins de distinction et d'élégante beauté. Voyez, par exemple, cette sombre et mystérieuse allée de la *Forêt*, tapissée de verdure, émaillée de fleurs, et ombragée par une épaisse rangée d'arbres. N'est-il pas vrai que ces troncs élancés, souples et sinueux, ont comme une taille et une tournure peu communes? Cette variété de lignes donne à tous ces êtres végétants une sorte d'animation et de vie, qu'égaye la lumière habilement éparpillée pour faire valoir la forme. Le vert réduit où mène l'allée obscure, éclairé par un jour assez vif, rompt l'harmonie un peu monotone du tableau. Bienheureux ceux qui sont venus rêver dans cette fraîche et ombreuse solitude, au bord de cette eau dormante, où se mire le ciel bleu !

M. Desjobert se distingue par les mêmes mérites. Il dessine soigneusement son paysage, et n'applique la couleur que sur des formes bien arrêtées. Rien dans sa peinture n'est abandonné au hasard de la brosse; tout et médité et ordonné selon les lois de la perspective, avec un grand souci de la beauté des lignes. La *Vue de Saint-Clement's Bay (île de Jersey)* est un des plus

jolis paysages du Salon. Cette grève sablon-
neuse, bordée d'une muraille de rochers où
croissent des arbres vigoureux, et terminée
par une tour ronde en ruine ; cette mer
tranquille où se plongent des baigneurs, ce
ciel clair-semé de légers nuages blancs, forment un ensemble plein de fraîcheur et
d'harmonie. Je suis choqué seulement par
certaine coque de bateau, dont le ton vigoureux produit une malheureuse dissonance.

CHAPITRE XII.

———◦○◦———

Paysage. — MM. Corot, Troyon, Daubigny, Français, Jules Dupré, Victor Dupré.

M. Corot est un des interprètes les plus naïfs de la nature. Il n'est pas de paysagiste qui en sente les beautés immortelles avec une âme plus ouverte et plus impressionnable. Il l'aime plus encore qu'il ne l'admire, et cet amour profond est comme l'âme de toutes ses œuvres. Le grand et simple artiste n'est pas cependant un imitateur scrupuleux de la réalité. Il est classique par plus d'un côté : il reproduit moins l'aspect d'un site qu'il n'en rend l'impression et le caractère. Il voit souvent moins avec les yeux qu'avec l'imagination, et s'envole bien loin de la vraie nature à la poursuite d'un idéal poétique. La grande différence qui le sépare de M. Paul Flandrin, c'est que l'un cherche la poésie dans la forme, l'autre dans le coloris. M. Corot néglige le style et la beauté de la forme; il ne lui demande rien, ou peu de chose; mais il obtient tout de la couleur. C'est le peintre de la lumière; le plus frais, le plus suave, le plus vaporeux des paysagistes. Contemplez le *Paysage breton.* Ce qui saute aux yeux tout d'abord, c'est l'abandon presque absolu du modelé : le feuillage de ces arbres rangés au bord de l'eau est presque informe; on dirait une rapide ébauche. L'artiste tourne le dos au paysage classique, qui immobilise tout dans le nature; il veut exprimer l'agitation de la vie : le zéphyre souffle à travers ces feuillages et leur donne ce vague et cette mollesse de contours; les animaux sont indéfinis comme le feuillage, parce qu'ils se meuvent aussi. Un paysage de M. Corot, c'est la nature en mouvement. Voilà l'explication de ce reproche si souvent adressé au maître : il ne finit pas, dit-on, ses tableaux. Oui, la forme y est indéfinie quand elle est mobile : les objets fixes y sont aussi nettement arrêtés que chez les autres peintres. Et, d'ailleurs, qu'entend-on par le mot fini? Si fini veut dire complet, et si l'œuvre la plus complète est celle où le moins de qualités font défaut, je ne connais guère de toiles plus finies que celles de M. Corot. Ce qu'il y a surtout de fini, d'achevé, c'est l'harmonie. J'accorde aux détracteurs de cet éminent artiste qu'il est trop insouciant peut-être de la forme; j'ai déjà dit qu'il ne s'en préoccupait pas beaucoup. Mais quel savant accord, quelle parfaite harmonie entre tous ces tons divers, et quel effet puissant et simple! Quand M. Corot peint un arbre à droite, ce n'est pas là qu'il regarde; il a les yeux fixés à gauche, en haut, en bas, partout ailleurs que sur l'endroit qu'il couvre. Il songe moins au chant qu'à l'accompagnement ; en un mot, c'est un harmoniste.

Un peintre peut être harmonieux sans être naturel, je veux dire conforme à la nature : il suffit que tous ses tons, toutes ses valeurs soient dans une exacte et naturelle proportion ; parti d'un ton faux, il peut jouer juste en observant rigoureusement les intervalles de la gamme ; la succession logique des notes produira un accord irréprochable. Cette justesse, cette logique, cet accord ne manquent jamais dans M. Corot : chacun de ses tons, pris à part, n'est peut-être pas naturel, mais l'harmonie de tons est naturelle, et partant admirable. Il me suffit, après avoir expliqué cette qualité singulière de l'artiste, de renvoyer le lecteur au *Paysage* (*près de Morfontaine*) et surtout au *Paysage breton*. Ces toiles ne s'analysent pas ; tout leur mérite est dans le charme de leur expression.

Je sais qu'on peut critiquer de graves défauts dans *Orphée et Eurydice*, et y attaquer aussi vivement et la forme et le coloris. Les deux personnages principaux ont été comparés à des poupées, et la localité de la toile a été condamnée comme terne, pâle et froide. Le premier reproche est juste, le second est spécieux. Quand on se souvient de la description que Virgile, et, d'après lui, Fénelon, ont faite des Champs-Élysées; de cet air subtil et igné, de cette lumière empourprée qui « entoure comme d'un vêtement, » les Manes bienheureux, on est désagréablement surpris par cette lumière argentée et vaporeuse qui baigne la toile. Mais on s'y fait bien vite ; le charme gagne peu à peu, et l'on pénètre avec ravissement dans ce monde mystérieux, où coule le fleuve de l'oubli, où vivent, loin des soucis terrestres, ces ombres fortunées que M. Corot nous montre à travers cette discrète vapeur comme dans le vague d'un rêve.

La *Toilette* offre la même entente de l'harmonie et le même charme poétique. Ici les figures prennent une importance qui réduit le paysage à n'être que l'accéssoire. Une baigneuse est assise au bord d'une eau som-

bre, où s'épanouit le nénufar : une femme,
dont la physionomie rappelle les types de
l'école vénitienne, se tient debout auprès
d'elle et peigne sa chevelure châtaine. Au-
dessus du groupe s'allongent des arbres au
tronc mince, au feuillage pâle et grêle,

« Dont l'ombrage incertain lentement se remue, »

et laisse les rayons de lumière tomber à
plein sur les membres nus. M. Corot a
voulu donner à ce groupe du style et du
caractère : il n'a pas manqué son but. On
ne peut méconnaître la grâce d'attitude de
cette jeune beauté, dont les bras, languis-
ment arrondis autour de sa tête, secourent
la suivante dans son travail délicat. Les fi-
nesses du dessin et du modelé, il ne faut
pas les demander à un artiste qui a plus
étudié la nature agreste que le corps humain ; mais combien de paysagistes seraient
capables de peindre ainsi le nu ? Le coloris
est d'une douceur lumineuse et d'une harmonie surprenantes. A quelque distance
une autre femme lit, adossée à un arbre,

découpant sa pure silhouette sur un fond vaporeux et tranquille. — Quel est ce séjour si paisible et qui fait rêver? et quels sont les êtres fortunés qui l'habitent? Il me semble voir un des asiles les plus secrets et les plus calmes de ces Champs-Élysées, où l'amoureuse Eurydice abandonne, pour suivre Orphée, ses compagnes désolées de sa perte.

M. Troyon diffère de M. Corot, comme le soleil de midi diffère de la « pâle aurore. » Si l'auteur d'*Orphée* semble le peintre né des fraîches vapeurs du matin, l'auteur de la *Vendange à Sèvres* peut affronter sans crainte les splendeurs de la journée. Sa pâte lumineuse et chaude, sa brosse grasse et vigoureuse le mettent au premier rang des paysagistes qui cherchent à produire sur la toile les effets puissants de la nature. La peinture de M. Corot est douée d'un charme intime, doux et mélancolique : M. Troyon possède une force native et comme une éclatante et robuste santé qui rendent plus franche et plus vive l'impression causée par ses tableaux. L'un a plus de délicatesse, l'autre plus de tempérament.

Le maître nous a traités généreusement. La *Vendange à Sèvres* n'a quitté le chevalet que pour entrer dans notre Salon. C'est à la fois un honneur et une bonne fortune. Jamais M. Troyon n'a peint un site plus pittoresque, un horizon plus large et plus fuyant, une scène plus vivante, et n'a inondé une toile d'une plus pure et plus éclatante lumière.

Le soleil a mûri la grappe ; il éclaire aujourd'hui la vendange. Il rit et se joue à travers les feuillages et les pampres, et répand partout la gaîté et la vie. Les vendangeurs travaillent sur le penchant d'un coteau qui s'abaisse au second plan et va se perdre dans la large vallée de la Seine. Le fleuve serpente au loin et disparaît dans le vague horizon tout tacheté de hameaux et de villages blancs. Peut-être même aperçoit-on un coin du grand village, Paris ; car on peut tout voir dans cet horizon indéfini rayé de lumière et d'ombre, qui donne à la toile une si étonnante profondeur. Cependant aucun des personnages du tableau ne regarde cette perspective lointaine. Je ne parle pas du cheval blanc qui, enchaîné à sa charrette encore vide, se tient immobile et semble attendre avec résignation le labeur qui s'apprête ; ni de l'âne brun, qui profite de sa liberté pour faire un tour vers le fossé, prenant plus de souci des chardons que des grappes dorées. Les vendangeurs sont dans toute la chaleur du travail : hommes et femmes cueillent le raisin, déchargent les paniers ; une grosse et rouge figure de vigneron sort du milieu des ceps avec sa hotte, tandis que de jeunes garçons accourent joyeusement, amenant un cheval au secours de son camarade. Tous travaillent avec ardeur pour bien remplir la journée, qui tire à son déclin ; ce sera bientôt le tour des bêtes : la charrette s'en ira lourdement chargée, et cette colline si joyeuse et si animée retombera dans le silence.

M. Daubigny est un amoureux de la nature, qui n'a pas de secrets pour lui et lui révèle ses plus intimes beautés. L'artiste nous transmet sans choix toutes ses confidences, comme un amant qui répète avec admiration les moindres mots de sa maîtresse. Devant M. Daubigny tous les côtés de la nature sont charmants, toutes ses faces séduisantes et belles ; ses moindres accidents lui paraissent dignes d'exercer le pinceau de l'artiste et d'exciter l'admiration des spectateurs. M. Daubigny est un réaliste en paysage. Je ne prends pas le mot dans le mauvais sens : si l'excellent artiste copie trop étroitement la nature et se contente de reproduire le premier site venu, il a un tel sentiment des beautés naturelles que l'on sent vivre dans ses tableaux l'amour et l'émotion qu'elles lui causent. C'est le réalisme intelligent et délicat. M. Daubigny représente le moindre coin de terre avec une fidélité si profonde, qu'il nous donne à la fois l'aspect et l'impression de la nature. Mais pourquoi ne choisirait-il pas avec plus de soin les sites qu'il transporte sur la toile? pourquoi, s'il ne veut pas tenter d'embellir un paysage, n'exigerait-il pas de lui, pour le reproduire, un assez frappant caractère de beauté? Ne saurait-il nous causer un sentiment plus élevé que le plaisir de contempler le portrait ressemblant d'un site, et l'image fidèle d'un effet d'ombre ou de lumière?

Les deux grands tableaux exposés par M. Daubigny ne sont pas à vraiment parler des paysages : ce sont deux études de couleur. Pour constituer un vrai paysage, il faut des lignes; je ne trouve ici que des tons. Mais j'avoue que tous les caprices, tous les jeux, toutes les nuances, toutes les dégradations de la lumière ne peuvent rencontrer un peintre qui les saisisse avec plus de sûreté et d'exactitude. A ce point de vue, le *Lever de Lune* et la *Mare* sont deux chefs-d'œuvre.

L'obscurité du soir règne dans le premier tableau. Le soleil s'est couché et n'éclaire plus les champs que d'un reflet sombre. La lumière pâle de la lune commence à lutter avec le jour qui s'éteint. L'astre s'est levé dans une brume épaisse et tranquille. Pas un souffle dans l'air ; les feuillages sont immobiles, la fumée des chaumières monte droite vers le ciel. C'est une heure de recueillement et de silence. La nature s'enveloppe peu à peu dans ses voiles et s'apprête à s'assoupir. Comme la nature, bêtes et gens ont fini leur journée : une femme et un enfant sortent du bois obscur ; une autre paysanne ramène à l'étable trois vaches paresseuses, qui semblent quitter le pacage avec regret. Voilà tout le paysage : on voit qu'il est d'une simplicité excessive. Ce qui en fait l'unique mérite, c'est la justesse de ton avec laquelle le peintre a exprimé ce crépuscule qui décolore les objets et étend sur les champs sa teinte sombre et monotone. Le ciel surtout, profond et vibrant, étonne par sa vérité et témoigne d'une habileté et d'une science extraordinaires.

Le ciel du second paysage n'est pas moins admirable. Au lieu de la nuit, c'est la

lumière dorée du couchant. L'air est transparent et limpide ; de petits nuages empour-
prés éclatent dans la profondeur du ciel et
jettent un reflet charmant sur toute la toile.
Cette lumière se réfléchit dans une mare dormante, dont tous les accidents font jouer ca-
pricieusement les rayons tombés d'en haut.
Une partie de l'eau miroite faiblement dans
l'ombre et accentue la vigueur de la partie
éclairée. La mare est bordée d'un rideau de
peupliers et de pommiers au feuillage rare
et jauni, qui s'enlèvent sur la vive clarté du
ciel. A gauche s'étend un terrain largement
modelé, dont la verdure crue semble abreu-
vée d'humidité et donne aux regardants
comme une sensation de fraîcheur. L'effet
est d'une réalité saisissante. Je passe sous
silence l'homme qui fait boire son âne sur
le devant du tableau. M. Daubigny ne l'a
placé là que pour la forme : le véritable
sujet du tableau, c'est la mare : l'héroïne de
la scène, si j'ose ainsi parler, c'est la lumière
qui rayonne dans le ciel, qui se reflète et se
brise dans le miroir tranquille des eaux.

Le Salon possède encore une troisième toile de M. Daubigny. C'est une étude de prairie traversée par un ruisselet. Une longue file de vaches s'éloigne à pas lents vers le fond qu'illumine une clarté joyeuse. A gauche s'étage un coteau, vert comme la prairie, et semé de jolis arbres. L'œil, d'abord blessé par cette localité absolument verte, s'y habitue bien vite et ne trouve plus que du plaisir à contempler ce délicieux motif, plein de grandeur, malgré son cadre étroit.

M. Français est l'auteur d'un petit tableau bien diversement jugé. Il excite l'engouement d'un grand nombre et provoque d'autre part les plus vives critiques. Je ne suis pas de ce dernier camp, et je n'ai pu résister au charme de cette artificieuse peinture. On a beau la traiter de fausse, et crier à la convention, on n'enlèvera pas à la *Matinée d'Automne* son attrait séduisant. Qui donc a vu assez souvent se lever l'aurore, dans toutes les saisons et sous tous les climats, pour affirmer que M. Français a peint au hasard cette vapeur rosée qui dérobe sous un voile épais les feuillages jaunissants, la fraîche rivière sillonnée de canards, et l'horizon lointain ? Je répondrai d'ailleurs aux détracteurs de cette œuvre charmante par le mot vulgaire : « Si ce n'est pas vrai, c'est bien trouvé. »

Aimez-vous mieux les toiles d'un maître illustre, M. Jules Dupré, et d'un peintre éclipsé par la gloire de son frère, M. Victor Dupré? J'avoue que je préfère la touche fine et douce de M. Français, à cette furie de pâte et à cette violence de couleur. L'*Abreuvoir* étonne par la vigueur des empâtements, par la solidité et la puissance du coloris ; tout y est touché avec une franchise et une sûreté de main merveilleuse ; l'eau surtout est peinte avec une vérité qui surprend et fait illusion, Le *brio* et la verve puissante sont les mérites éminents de cette peinture. Mais elle a les défauts de ses qualités : je n'en veux pour preuve que la lourdeur des nuages, et l'absence regrettable de la perspective.

M. Victor Dupré a les défauts de son frère sans atteindre à la hauteur de son talent. Les *Environs de l'Ile-Adam*, l'*Entrée de Forêt*, la *Route à Argenton* rappellent l'*Abreuvoir* : la fraternité des deux pinceaux est évidente. Le faire de M. Victor Dupré est vigoureux, mais lourd. Si l'air circulait mieux entre les feuillages de ses arbres opaques, je trouverais fort belle la *Route à Argenton*. La toile la plus importante de l'envoi, les *Bords de l'Oise*, est aussi la mieux réussie : j'aime son ciel si mouvementé et ses eaux si calmes.

CHAPITRE XIII.

MM. Achard, Harpignies, Flers, Villevieille, Baudit, Jongkind, Papeleu, Hanoteau.

Un maître distingué, M. Achard nous a envoyé une jolie toile, la *Chaumière (vue prise à Honfleur)*. Cette chaumière disparaît presque sous les feuillages jaunis qui s'étalent de tous côtés avec une exubérance normande. Le soleil couchant illumine la toile, dont le ton doré flatte et réjouit l'œil par sa gaîté. Je ne parle pas de l'habileté et de la science remarquables de la peinture ; j'ai tout dit en appelant M. Achard un maître.

Voici justement un de ses disciples qui peut prouver la vertu de son enseignement. M. Harpignies expose un tout petit tableau, une pochade, si l'on veut, brossée avec une grande légèreté, les *Bords du Tibre,* et une toile à peine plus grande, mais finie avec plus de soin : *Un vieux Domaine (Nièvre).* La touche vive et franche de l'artiste atteste une grande sûreté de main.

Cette qualité appartient encore bien mieux à M. Flers. Les deux *Paysages en Normandie* sont écrits au courant de la brosse, avec une extrême facilité. Mais cette peinture, trop lavée et trop légère, ces nuages plats, ces tons froids et tristes ne devraient pas satisfaire un artiste distingué, qui abuse peut-être de sa fécondité si rapide.

M. Villevieille est l'un des paysagistes les plus goûtés du Salon. Son *Soleil couchant* frappe tout le monde par sa vérité et son charme profond. Le motif est d'une simplicité banale : mais les bons peintres atteignent les grands effets par des petits moyens. Le soleil, perdu dans les nuages de l'horizon, darde ses derniers rayons à travers une rangée d'arbres qui projettent leurs longues ombres sur un fleuve large et tranquille : au premier plan, un batelier amarre sa barque. Voilà tout; mais ce peu suffit pour ravir. Si je puis exprimer un regret, je voudrais les arbres moins bien peignés : la nature n'arrondit pas les feuillages avec une coquetterie si artificielle.

Le *Soir au bord de la Meuse* est plus mélancolique. L'ombre a déjà envahi la rive et les eaux ; un héron dressé sur une patte, au bord du fleuve, est le seul personnage de cette scène grave et triste.

M. Villevieille m'a rappelé la poétique mélancolie des *Soleils couchants :*

« Le soleil s'est couché ce soir dans les nuées ;
Demain viendra l'orage, et le soir, et la nuit ;
Puis l'aube, et ses clartés de vapeurs obstruées ;
Puis les nuits, puis les jours. pas du temps qui s'enfuit !

Tous ces jours passeront; ils passeront en foule
Sur la face des mers, sur la face des monts,
Sur les fleuves d'argent, sur les forêts où roule
Comme un hymne confus des morts que nous aimons.»1.

« Le soleil s'est couché » dans la toile de M. Baudit, la lune lui a succédé sur le trône changeant des nuées. A demi cachée au milieu de nuages noirs, elle reflète son image tremblotante sur les flots obscurcis du lac, et accuse les contours de quelques vaches qu'on débarque sur le rivage. Deux bateaux dessinent leurs formes noires sur la vague lueur du ciel : dans le premier un batelier éclaire d'une lanterne le travail de son camarade. Cette note rouge que répètent les eaux, produit un piquant contraste avec la jaune lumière de la lune. Il y a dans l'œuvre de M. Baudit d'excellentes qualités : mais l'effet ne répond pas complètement à l'intention du peintre. Ces nuages lourds et couleur d'encre qui se confondent avec les flots, ne rendent guère l'idée d'une

1. *Feuilles d'Automne.*

nuit à demi sombre, dont les rayons diffus de la lune font vaguement sentir les profondeurs. Cette toile très estimable s'intitule : *Débarquement de Bestiaux sur les bords du lac de Genève.*

Le *Clair de Lune* de M. Jongkind, élève de M. Isabey, me semble inférieur à l'œuvre de M. Baudit. La terre est complètement noire, et le ciel est encore presque bleu : la lune joue dans le tableau un rôle insignifiant. Rien de plus facile que de donner à une toile un certain aspect nocturne : mais une vraie nuit, mollement éclairée et d'une obscurité légèrement transparente, c'est un spectacle que le pinceau est impuissant à représenter fidèlement.

Les tableaux de M. Papeleu ne se font pas remarquer : ils sont de ceux qui n'attirent pas l'œil, et qu'il faut regarder attentivement, si l'on veut les goûter. La *Vue prise à Bougival* et l'*Effet du matin* sont peints grassement dans une gamme sombre, mais avec une entente remarquable de la lumière et un profond sentiment de la vérité.

Les *Pignadas dans les Landes*, placés sous un jour défavorable, peuvent donner une idée à peu près complète du talent de l'artiste. L'aspect de la toile est triste et sauvage. Des pins élèvent vers le ciel leurs têtes arrondies que les coups de vent ont mutilées; à leurs pieds un troupeau de moutons dispersés tond l'herbe courte et aride. A gauche s'étend la lande désolée, entrecoupée de flaques d'eau. Dans le ciel, des nuages sombres et lourds s'avancent, éclairés d'un pâle reflet. Cette peinture solide et franche, remarquable surtout par l'entente de la lumière et de l'harmonie, fait une vive impression et transporte l'esprit dans ces solitudes stériles, que les pins remplissent de leur murmure sonore comme le bruit des flots.

M. Hanoteau sera un maître. Ses œuvres se distinguent par une grande finesse d'observation et un vif sentiment de la couleur. Le *Battage des Grains* est d'un ton très harmonieux. — Une *Cour* (à Anvers — Oise) offre une très consciencieuse étude de clair-obscur, égayée par un sourire de soleil qui éclate au second plan : le ciel, un peu ardoisé, manque de lumière et de profondeur.

— Je n'ai que des reproches insignifiants à adresser à une toile plus importante, les *Bords de la Landarge (Nièvre)*, où la difficulté du vert des arbres et de la prairie a été admirablement surmontée par l'artiste. La localité générale est d'un ton doré très fin et très doux. Les bœufs qui promènent dans le paysage leurs corps épais bizarrement terminés par une petite tête, sont traités dans une gamme très lumineuse. Il y a dans l'œuvre de M. Hanoteau un souvenir frappant de Paul Potter.

CHAPITRE XIV.

MM. Veyrassat, Donzel, Auguin, de Penne, Oudinot, Appian, Hugues Martin, Hillemacher, André, Legentile, R. Ménard, Richard, A. Mathieu, Aussandon, Gassies, Grenet, Schneider, Fauvel.

Le *Retour des Champs* de M. Veyrassat n'est qu'un tableautin ; mais malgré le cadre, il a une grandeur singulière. Un pâtre, accompagné de son chien, marche à la tête de ses moutons dans une plaine immense comme celles de la Beauce. Le soleil se couche à l'horizon, dans un ciel diapré de nuages chaudement colorés. Cette jolie petite toile vaut mieux que le *Bac*, où la force de la couleur est poussée jusqu'à la violence. L'épaisseur de la pâte et la vigueur du coloris rappellent, avec plus de chaleur encore, la facture de M. Jules Dupré. Mais le ton est criard et faux par excès d'énergie.

M. Donzel forme un contraste complet avec cette manière un peu brutale et bruyante de M. Veyrassat. Il incline du côté de M. Corot, et cherche, lui aussi, à rendre les aspects les plus calmes et les plus frais de la nature. On le croirait d'un caractère rêveur et mélancolique, à voir sa sympathie évidente pour la lumière discrète et douce, les couleurs attiédies et les brumes argentées dont la nature se pare en s'éveillant. Il excelle à rendre cette molle et flottante enveloppe de vapeurs qui noie les formes et les couleurs des objets, la fraîcheur des eaux, les perspectives vagues et fuyantes. Le *Souvenir des bords de la Vienne* et les *Ruines de Châlusset* ont tout le charme d'une poésie vaporeuse et tendre. Cette dernière toile, intéressante surtout pour un Limousin, serait charmante partout. Un

meunier traverse avec deux chevaux la limpide Briance, sur laquelle des arbres élancés versent leur ombre froide : dans l'inter-
valle laissé par le double rideau de verdure,
se dressent dans leur manteau de brume les
ruines imposantes du château féodal. Le
soleil, perçant avec peine l'épaisse vapeur
qui les baigne, vient se jouer gaîment au
milieu de l'eau agitée par le passage des
chevaux. Je pourrais, à propos de ces derniers, prier M. Donzel de ne pas oublier
que le cheval est un quadrupède ; mais il
m'accuserait de chercher la petite bête : je
me tais. J'aime mieux me laisser aller, sans
arrière-pensée, à la douce impression de
cet aimable tableau.

On goûte moins en général les *Planches
du Poirier (Taurion)* et le *Soleil couchant*.
Il y a dans le premier une tonalité de vert
un peu trop froide, au milieu de laquelle
éclate désagrément le rouge vif des lavan-
dières. J'y remarque pourtant une excellente étude de chêne aux branches bizarrement tordues, et un second plan ingénieu-

sement éclairé et bien fuyant. Pour le *Soleil couchant*, j'avouerai naïvement qu'il se distingue parmi les tableaux de l'auteur, par les qualités les plus solides et les plus fortes. Cette finesse et cette franchise de ton, cette transparence et cette chaleur de coloris révèlent chez M. Donzel un vigoureux tempérament de paysagiste. S'il me demandait mon sentiment, je lui dirais de faire souvent à sa manière favorite d'aussi heureuses infidélités : on peut unir l'admiration de Marilhat à l'amour de M. Corot.

M. Donzel n'a pas le monopole de la lumière vaporeuse. M. Auguin prouve par sa toile qu'il a surpris aussi la fraîcheur des matinées, au bord des eaux paisibles où se mire un ciel argenté.

L'entrée du *Bas-Bréau* de M. de Penne ne rappelle que de nom le *Bas-Bréau* de M. Diaz. C'est comme un site pris dans une nature toute différente. Au lieu de l'éclat vigoureux du maître, nous trouvons ici une touche fine et une couleur douce qui n'échappe pas à la terrible monotonie de la verdure. Je signale dans cette œuvre une étude de chêne, dont le tronc superbe et les rameaux noueux sont d'une assez grande beauté de lignes. La même facture soignée distingue le petit tableau : *Un chemin creux, en Picardie.*

Je ne dirai pas que le meilleur ouvrage de M. Corot, c'est M. Oudinot ou M. Appian. Mais l'enseignement du maître n'a pas été perdu pour ses élèves. Les *Bords de rivière*, le *Soir* et les *Bords de l'Orne* sont de bons paysages, peut-être un peu trop léchés et finis. M. Oudinot a eu trop grand peur des critiques dont on a accablé la manière large et parfois lâchée de son maître. L'absence de vernis empêche de juger *le Soir* avec justice. Les *Bords de l'Orne* sont une excellente composition, pleine d'air et de fraîcheur. La couleur est trop monotone; mais le site est vraiment distingué et poétique.

M. Appian est plus fidèle à l'éducation qu'il a reçue. Son *Marais*, d'un ton gris et froid, est calme et harmonieux. Ce ciel pluvieux, cette verdure humide et paludéenne, cette eau dormante que troublent les ébats d'une bande de canards, forment une composition mélancolique et vraie.

Ce n'est pas la vérité qui fait le mérite des toiles de M. Martin. L'artiste recherche la vigueur et non la justesse de l'effet. On sent que sa brosse rapide et hardie est habituée aux brutalités de la décoration. Ses chênes, toujours les mêmes, ont un feuillage lourd et, pour ainsi dire, tapageur. Le dessin est absolument sacrifié à la force du coloris. Les ciels de M. Martin, aussi peu variés que ses chênes, manquent de profondeur et de limpidité ; leurs nuages plâtreux et pesants semblent se prendre dans les branches élevées des arbres.

L'artiste est plus heureux dans la *Bataille des Cimbres*. Les Romains et les Barbares se battent avec acharnement autour de deux aigles, sur un monticule aride. La confusion de la mêlée, l'ardeur de la lutte sont exprimées avec une verve et une fougue remarquables. Malheureusement, les chevaux ont des têtes de monstres, et le dessin des figures est trop audacieux. La préoccupation du décor a jeté M. Martin dans un parti-pris d'antithèse forcée qui oppose brusquement et sans raison les vives lumières et les ombres les plus noires. Le fond est grandiose, le-ciel bien réussi ; mais une couleur uniforme de sépia, étendue sur les guerriers nus comme sur les terrains, donne à cette toile une monotonie regrettable.

Je goûte peu la *Marche dans le Désert.* Deux ou trois éléphants courant lourdement sur le sable rosé du désert ne suffisent pas à faire un tableau.

M. Hillemacher n'expose qu'un petit paysage, les *Bords de la Seine, près de Fontainebleau.* Une opposition très bien rendue entre la berge éclairée et le coteau glacé d'ombre, ne peut faire apprécier dignement le talent de cet artiste distingué.

Je passe rapidement sur les paysages de M. André, jolis d'aspect, mais pauvres de dessin et faux de ton. Il est fâcheux qu'un peintre consacre son talent à flatter l'œil aux dépens de la vérité.

Ce n'est pas M. Legentile qui cherche le plaisir de nos yeux ! Il est consciencieux et savant ; mais il prouve que l'érudition, même dans la peinture, n'est pas toujours agréable. La crudité de son azur et de sa verdure décourage les spectateurs les mieux intentionnés. Sa *Vue de Saint-Victurnien*, qui a heureusement échappé au vert, se distingue par les qualités les plus estimables.

Cette revue, déjà trop longue et trop monotone, fatiguerait le lecteur si je ne l'abrégeais. Je me contenterai donc de mentionner, en finissant ce chapitre, deux gentils paysages de M. Richard ; deux paysages avec animaux, de M. René Ménard, auquel les leçons de MM. Troyon et J. Dupré ont assez bien profité ; deux intérieurs d'église de M. Auguste Mathieu ; *le soir au Bas-Meudon*, de M. Aussaudon ; et le *Gagnage*, de M. *Gassies*. Cette dernière toile se fait remarquer par un bon sentiment de couleur. Ces arbres dépouillés, cette terre violacée, éclairée froidement par les premiers regards de l'aurore, cette troupe de che-

vreuils étonnés qui s'aventure timidement
hors des bois, forment un ensemble qui
n'est pas déplaisant. — M. Grenet expose
des *Chiens chassant*, tableautin violacé fait
avec le couteau à palette; M. Schneider,
deux petites toiles dont le dessin est bien
supérieur au coloris. Je ne veux pas oublier
M. Fauvel, dont le *Verger de Pen-Amenhé* et
le *Gave de Beast*, malgré leur verdure aigre
et criarde, attestent une remarquable entente du pittoresque.

CHAPITRE XV.

Paysagistes voyageurs. — MM. Justin Ouvrié, Leconte de Roujou, Brun, Théodore Frère, Mouchot, Duvieux, de Tournemine, Pasini, L. Gauthier, Biard, Deshayes, Groiseilliez.

Vous plaît-il que nous fassions le tour du monde en faisant le tour du Salon? M. Justin Ouvrié nous transporte tout d'abord en Suisse, au pied du Mont-Blanc. Une verte vallée se déploie au milieu de ces gigantesques murailles, qui tombent à pic de tous côtés : dans le fond, baigné d'une vapeur bleue, le Mont-Blanc élève sa tête couverte de neiges éternelles. Le paysage a une grandeur imposante. L'artiste a rendu la magnificence des Alpes avec une largeur magistrale.

Nous voici, loin des neiges, sous le ciel clément de l'Italie, en compagnie de M. Leconte de Roujou. Cette *Place du Vieux-Marché* est un des coins les plus pittoresques de la superbe Florence. Le peintre a heureusement reproduit l'aspect si varié de ces boutiques, de ces arcades, de ces vieux palais éclairés par un soleil éclatant.

Passons la Méditerranée ; nous sommes chez nous, à Constantine. Est-ce bien une rue française que cette *Rue* étroite, bordée de maisons muettes comme des prisons, où les mendiants en guenilles rêvent, accroupis, au paradis de Mahomet ; où marche gravement toute la population bariolée des Arabes, des Juifs et des Maures ? — La *Prière* représente les ruines d'un marabout, au milieu d'un site aride : quelques Arabes y sont venus prier ; l'un d'eux se tient debout dans une attitude recueillie ; il regarde du côté de l'Orient, vers la ville du Pro-

phète : c'est peut-être un hadji, qui a sanctifié sa vie par le pèlerinage de La Mecque.
— Cette toile me semble excellente. Sa couleur exprime bien les ardeurs de ce soleil torride qui semble vouloir vaporiser le sol : l'air est vibrant et tout chargé des atômes de chaleur qui émanent d'une terre brûlée.

M. Théodore Frère répand à profusion les croquis recueillis dans son voyage en Orient. Je crains qu'il ne s'épuise dans cette vaine répétition des mêmes motifs. Un ciel doré par une lumière éclatante, un sol rougeâtre et desséché, parsemé de quelques palmiers ; des minarets blancs à l'horizon, des Orientaux coiffés du turban, et parfois accompagnés de dromadaires ; ou bien une rue animée par quelques passants, et entre-coupée d'ombre transparente et de soleil aveuglant : voilà la redite éternelle de M. T. Frère. Au demeurant, l'habileté avec laquelle l'artiste fabrique ces toiles est extrême. La composition est toujours coquette et pittoresque. Son *Intérieur de Boutique turque* est très joli avec ces taches de soleil dans l'ombre, et ce jeu de la lumière sur le treillage de la porte. Je préfère la *Rue Makcé, au Caire* : cet effet de poudre dorée que soulèvent les pieds des passants est tout à fait réussi. Je risquerais de me répéter en parlant de la *Sainte Famille* et de la *Fuite en Égypte*.

M. Mouchot nous retient en Égypte. Il expose trois tableaux finement traités, auxquels je sais gré de né pas nous aveugler d'une lumière trop intense : cette tonalité un peu grise est aussi vraie que l'ardeur d'un ciel incandescent; les pays chauds n'ont pas une couleur locale unique. La *Vue prise sur le Kalig, au Caire*, et le *Village près des Pyramides* promettent un peintre fidèle de l'Orient. Les *Colosses de Memnon* ont été peints ironiquement sur une toile microscopique. Réduite un peu plus, elle ferait une jolie Sévigné.

M. T. Frère nous a menés en Turquie, en traversant l'Égypte. Restons-y un instant avec M. Duvieux, qui nous montre deux faces diverses de Constantinople. Ce ciel jaune indien, sur lequel se détache en vigueur la noire silhouette des édifices et des minarets de la Solimanyeh, me surprend par son aspect bizarre. Je crois plutôt à la vérité du second tableau, qui représente un quai de la ville et le Bosphore d'où émerge la lune. Le spectacle a un caractère grandiose, malgré les dimensions de la toile.

Allons maintenant, s'il vous plaît, en Asie-Mineure, savourer le café en fumant le narguileh. M. de Tournemine a, pour nous séduire, planté au bord d'un fleuve le plus pittoresque des cafés. Des Turcs debout, assis ou appuyés contre les colonnettes de bois, font la sieste en regardant les ébats des cigognes et des ibis dans les roseaux. Un caïque vient d'aborder, apportant une recrue de buveurs et de fumeurs. Ce café au toit bas, soutenu par des murs blancs, isolé au milieu d'une plaine sans arbres, et peuplé d'une compagnie tout éblouissante de couleurs vives, donne l'envie d'aller au pays du soleil, pour s'endormir dans cette torpeur musulmane que l'islam regarde comme le bonheur suprême.

L'Asie-Mineure est sur le chemin de la Perse. M. Pasini, qui a rapporté du Caire un *Moulin à farine*, va nous mener dans le royaume des schahs et nous faire assister à une *Chasse au faucon*. Au pied d'une colline, dont la crète découpe ses dômes et ses palmiers sur la clarté de l'aube, des cavaliers caracolent, le faucon au poing, sur un terrain violacé d'un ton trop franchement bizarre pour n'être pas vrai. Cette harmonieuse peinture est pleine d'un attrait piquant.

D'Asie en Amérique le voyage est long. Faisons-le d'un saut ; et après avoir donné un coup d'œil curieux au *Marchand de Fruits du Guayaquil (Equateur)*, qui se laisse aller au courant du fleuve, sur son radeau chargé de marchandise exotique, demandons à M. Biard *comment on voyage dans l'Amérique du Sud.* C'est en se frayant à coups de sabre un chemin au milieu des lianes inextricables, avec l'effrayante perspective de rencontrer sous ses pas des serpents à sonnette ou des jaguars. On voyage bien autrement dans l'Amérique du Nord! Les Yankees mangent, boivent, fument et remplissent le wagon de leur sans-gêne : quelques-uns, assis sur les épaules, reposent leurs pieds sur le dossier des banquettes, dans la posture favorite des sénateurs à la chambre de Washington.— Les tableaux de M. Biard ne sont pas des œuvres d'art, ce sont des œuvres de science : M. Biard, voyageur intrépide, au lieu d'écrire ce qu'il a vu, se sert de son pinceau pour nous donner exactement la physionomie des pays et de leurs habitants : on pourrait appeler ce genre, la peinture-document.

Un steamer nous ramène en Angleterre. Voici la colonnade de *Sommerset-House* et le dôme de *St-Paul* qui ressemble à St-Pierre de Rome. La Tamise, chargée de bateaux à vapeur, déroule ses eaux verdâtres et écumeuses au milieu de la grande cité. La vue de M. J. Ouvrié est, me dit-on, d'une grande fidélité : elle est, à coup sûr, bien composée et bien peinte. La couleur est lumi-

neuse ; c'est Londres surprise l'un des jours
où elle reconnaît qu'il y a un soleil : cependant, je vois à gauche un nuage noir qui
semble verser la pluie. Le climat montre
le bout de l'oreille.

Débarquons en Hollande et suivons avec
M. Deshayes les rives des fleuves couvertes
de maisons pittoresques, dont la silhouette
s'efface dans la brume ; et, fatigués de ce
long voyage, rentrons en France en passant par *Awelghem* (*Belgique*), où M. Groiseilliez nous montre, au milieu d'un agréable paysage, une maison blanché toute fière
d'étaler le rouge éclatant de ses briques
neuves.

CHAPITRE XVI.

Marine. — MM. Isabey, Heintz, Bentabole, André Achenbach.

M. Isabey n'a exposé qu'une toile ; mais il y soutient dignement sa réputation et la haute renommée de son père. Il suffit d'avoir passé quelques jours sur les côtes de Bretagne ou de Normandie pour reconnaître combien est vrai son *Intérieur de port à la marée basse*. Les nuages sont amoncelés à l'horizon ; au premier plan ils laissent çà et là apparaître le ciel par de larges déchirures. La mer s'est retirée, et les cha-

loupes montrent leurs carènes trop luisan-
tes et trop finement peintes à mon gré; je
les voudrais plus chargées de coquillages
et de varechs, en un mot moins propres.
Mais, sauf cette légère critique, le peintre
a parfaitement saisi et rendu le moment où
un flot vaseux recouvre à peine le sable et
le galet; c'est une couleur indéfinissable,
et cependant très réelle. Je n'en excepte pas
deux ou trois tons roses, beaucoup moins
étranges qu'ils ne le semblent au premier
abord. En ces endroits sans doute quelques-
uns de ces galets, qu'on prendrait volontiers pour des morceaux de porphyre, ont
prêté à la vague leurs vives couleurs.

M. Heintz est un élève de M. Isabey.
Nous avons de lui une *Vue des Bains de
Saint-Valery-en-Caux.* Ici, ce n'est plus le
même effet que dans le tableau du maître,
mais c'est le même faire, la même touche
large et vigoureuse. Au lieu de la marée
basse, nous avons le flot. Il monte et se
recourbe avec ce gonflement puissant et
majestueux, qui soulève comme des coquil-

les de noix les vaisseaux à trois ponts. La vague, la chose la plus changeante du monde, a été scrupuleusement étudiée et comprise. Verte à sa base, elle devient blanchâtre au sommet ; qu'il lui arrive un peu de brise, et les matelots vous diront qu'elle *moutonne*. J'avoue que j'aime moins les bateaux, et surtout le paquebot, qui marche en poussant sa colonne de fumée. Il me gâte la mer. Certes, je n'en veux nullement aux bateaux à vapeur, mais, dans une marine, ils me produisent le même effet que me produirait, dans un paysage, le passage d'un train express.

Signalons une bonne étude de M. Bentabole, autre élève de M. Isabey. C'est un *Souvenir du vieux Calais*. Le temps est pluvieux et le jour triste : la plage s'étend dans l'ombre, au pied de la falaise ; la mer ne joue dans cette marine qu'un rôle secondaire.

Avec M. Achenbach nous revenons à la marée basse. Dieu ! que ses vagues sont blanches ! Il n'y a donc pas de vase là-dessous? Mais alors pourquoi ce petit pêcheur rouge s'est-il armé de ses grandes bottes et tire-t-il sa drague de si bon cœur? Le mouvement est bon, du reste, et puis ces grandes herbes que je vois là suffisent peut-être pour expliquer l'effort du pêcheur. Elles sont bien entrelacées, ces herbes, bien lourdes, et de cette couleur glauque qui leur convient. En somme, peinture estimable et consciencieuse : rien de saillant, mais rien de mauvais.

CHAPITRE XVII.

« La plus noble conquête, etc., » croyons-en M. de Buffon, et, pour lui faire honneur, commençons par le cheval.

J'aime peu l'*Étude* de M. Achille Giroux : la lumière de sa toile est singulière, et son lourd cheval me sembe trop luisant et lustré. — M. Paternostre, qui essaye de recueillir la succession de Géricault, expose des chevaux plus naturels. Le *Cheval de trait,* le *Cheval anglo-normand* sont brossés largement par une main sûre d'elle-même. Le *Portrait équestre* me plaît moins. Le capitaine est énergique de mouvement et de physionomie ; mais son cheval brun, bien peint au demeurant, ne peut se tenir en équilibre sur ses jambes violemment écartées. L'exposition de M. Paternostre est complétée par un joli tableau : les *Vedettes,* souvenir de la campagne d'Italie : le cheval est là encore un personnage important. — Je laisse les chevaux de bois de M. Le More pour arriver aux bœufs et aux vaches.

Un maître bien connu, M. Palizzi, n'est représenté au Salon que par une pochade, où les bœufs sont dessinés avec négligence ; mais cette toile peut donner une idée de la profonde science de couleur qui distingue l'artiste. — Les meilleurs bœufs que je rencontre sont ceux de M. Marcke ; l'esprit avec lequel il a varié le mouvement de ses trois bêtes, et surtout la vigueur du modelé, font voir que cet artiste n'a pas perdu son temps à l'école de M. Troyon, le grand peintre d'animaux. — M. Brissot, outre un joli paysage, *Lisière de forêt*, expose des bœufs et des moutons d'une bonne facture. M. Brissot a trouvé un ciel d'une transparence nacrée, dont le ton est agréable et frais ; mais il en abuse.

En descendant l'échelle de la hiérarchie animale, nous arrivons aux chiens. C'est l'animal le mieux traité par les peintres de notre Exposition. La *Chienne anglaise*, de M. Mélin, est une fort belle étude de dessin et de modelé. Quant au *Bâtonniste* et au *Bon Enfant* de M. Earl, on ne peut guère, à moins d'être un Jadin ou un Landseer, donner aux chiens une physionomie plus vivante et plus spirituelle.

On dit « niais comme un mouton. » M. Jacque et M. Brendel prouvent qu'on peut montrer beaucoup d'esprit dans la peinture de cette niaiserie. Quelle variété d'attitude et d'expression dans les moutons de M. Jacque! Regardez surtout cette petite figure d'agneau étonné. Quelle diversité de physionomies dans toutes ces têtes de moutons que M. Brendel a groupés à l'ombre d'un pommier!

Voici à présent toute une immense basse-cour de dindons, de canards, d'oies et de poules. — M. Salmon est le peintre juré du dindon; il a multiplié à l'infini le portrait de ce sot animal. — M. d'Haussy, dont le *Mauvais temps*, étude de vache blanche, rappelle la manière de Troyon, expose, à lui seul, une basse-cour complète. Au bord d'une mare qu'ombragent des saules trop verts, fourmille une joyeuse famille de poules, de canards et d'oies; les poules grattent le sol ou dorment paisiblement, les canards crient en allongeant le bec ou se plongent avec délices dans l'eau croupissante, les oies se chamaillent, se rengorgent ou se grattent voluptueusement. La scène est très gaie et spirituellement composée. La *Cour à Marlotte*, de M. Hagemann, est peuplée aussi de canards, que ceux de

M. d'Haussy ne reconnaîtraient pas pour leurs frères. — M. Chaigneau, M. Pochon et M. Couturier ont envoyé leur contingent : les poules de ce dernier ne sont pas tout à fait dignes de sa haute réputation.— Je préfère la *Basse-Cour* de M. Philippe Rousseau, toute brillante de soleil et composée avec un goût parfait. Nous n'avons plus affaire ici à une étude, mais à un tableau.

Notre grand sculpteur d'animaux, M. Barye, expose quatre aquarelles d'un ton désagréable. Le *Tigre couché*, le *Lion*, l'*Ours* et le *Renne* sont traités habilement, avec une grande recherche de style. — Mais le plus parfait *animalier* de l'Exposition, c'est M. Martinus. La *Louve prenant un brocard* au milieu d'un vaste champ de neige, est une énergique et émouvante peinture. L'expression féroce de la louve, qui enfonce à la fois ses dents et ses ongles dans la chair de sa proie ; la douleur profonde du malheureux brocard qui lève vers le ciel des yeux pleins de larmes, font de ce groupe une œuvre magistrale.

Aimez-vous les toiles de nature morte? Vous pourrez trouver au Salon de quoi vous satisfaire. Mme Lemarchand vous présente une raie, un lièvre et un poulet prêt à mettre à la broche, qui réjouiraient l'esprit réaliste de M. Courbet. Ce malheureux groupe est étendu auprès d'un chaudron dont les reflets cuivrés font vraiment illusion. Je recommande aussi aux amateurs la buse, le homard, le lièvre et le chevreuil de M. Schneit, ainsi que les toiles de M. Rhem. Pour moi, s'il m'était permis de donner mon avis, je voudrais qu'on laissât ce genre aux vieux Flamands, qui y ont excellé : il est douloureux de voir des peintres estimables perdre dans ces travaux ingrats la peine et le talent qu'ils devraient employer à des œuvres meilleures.

On pourrait faire au Salon une bonne récolte de légumes et de fruits. M. Malapeau a fait le tableau touchant dont parle le *gendre de M. Poirier* : un pauvre petit oignon coupé en quatre, à côté du couteau meurtrier. Il y a ajouté une tranche brutalement coupée dans une infortunée citrouille. — Les raisins de M. Fleury, le melon et les pêches de M. Grenet sont vraiment appétissants. — M. Soulié a oublié la châtaigne parmi ses fruits : c'est une injure faite au Limousin. Sa nature morte vaut mieux que cette galerie longue d'un kilomètre, qu'il appelle une *Salle d'Asile*. M. Soulié ferait bien de retourner sa lorgnette ; il regarde évidemment par le gros bout.

J'arrive aux deux peintres qui soutiennent le plus glorieusement la nature morte et les fleurs dans le Salon. M. Monginot est un maître bien connu pour l'esprit de ses compositions, la vigueur et l'éclat de sa palette. Il multiplie sous son pinceau les animaux vivants ou morts, les fruits, les fleurs, les faïences, les vases de toute sorte, avec la prodigalité d'un homme à qui rien ne coûte. Son apport se compose de trois toiles. La plus belle, sans contredit, c'est la *Bataille de Singes*. Sur la table élégante d'une étroite salle à manger, est juché un singe furieux : il lance à tour de bras les verres et les bouteilles contre deux autres singes qui n'ont pas l'avantage de la position. L'un a saisi un plat d'or, tout prêt à l'opposer comme un bouclier aux projectiles du camarade : l'autre crie et tient en l'air sa patte ensanglantée ; heureusement il n'a pas été atteint par cet énorme couteau planté dans le plancher. Autour d'eux gisent dans le désordre le plus pittoresque les plats étincelants, les faïences, les bouteilles, les oranges écrasées, les grenades éventrées, que sais-je encore? Un chat noir a entendu le tumulte ; il s'avance, dans l'ombre d'une draperie, le poil hérissé, écarquillant les yeux et les jambes : ce n'est pas le personnage le moins bien réussi de cette scène spirituelle, enlevée avec une verve et un entrain comiques. M. Monginot est décidément un heureux émule de Chardin et de Decamps.

Mᵐᵉ Escallier peint les fleurs avec une délicatesse féminine et une touche virile. J'aime beaucoup le pêle-mêle capricieux et l'éclat varié et charmant de sa corbeille de fleurs. Ses *Iris* sont aussi magistralement peints. Je voudrais voir ces tableaux au Musée : nos peintres sur porcelaine viendraient les étudier souvent, et y apprendraient l'art difficile de grouper les fleurs, de varier les nuances, de donner à un bouquet le style des lignes et l'harmonie des tons.

CHAPITRE XVIII.

Aquarelle. — Dessin. — Peinture sur Porcelaine. Sculpture.— MM. Pelletier, Pallière, Bonhommé, Pollet, de Rudder, Yvon, Bida, Borione, Dubouché, Bellel, Mlle de Maussion, MM. Clère, Grandfils, Crauck, Arnaud, Ferru.

Le Salon n'est pas riche en aquarelles et en dessins : la sculpture n'y est représentée que par quelques œuvres. Mais le nombre ne fait rien à l'affaire. Ici encore notre admiration trouvera où s'attacher.

Il faut distinguer d'abord les jolies aquarelles de M. Pelletier, auquel les sites les plus grandioses de la Suisse paraissent familiers. La *Cascade* et la *Vue du Lac de Brientz* sont pittoresques, largement et habilement peintes. Cette dernière, avec ses montagnes couvertes de pins, et baignées d'une atmosphère d'azur, rappelle le *Mont-Blanc* de M. J. Ouvrié. — Mentionnons, en passant, les aquarelles de M. Pallière, dont la touche est trop heurtée et négligée.

M. Bonhommé expose de curieuses aquarelles : le *Feu d'artifice à Versailles*, effet violent de rouge-brique sur un fond noir, qui voudrait représenter un bouquet de fusées ; les *Mineurs-Charbonniers, remontant au jour*, scène d'une étrangeté saisissante ; et l'*Histoire de la Métallurgie (calamine et zing)*, où l'art fait, pour ainsi parler, le portrait de l'industrie. Ce n'est pas la première fois que M. Bonhommé consacre son talent à représenter des mines, des usines et des fabriques. Il sait donner un cachet de distinction à cette ingrate peinture.

Voici vraiment l'œuvre d'un maître : la *Tête d'étude*, aquarelle de M. Pollet. Cet artiste, envoyé à Rome en 1838, après avoir obtenu le grand prix de gravure, a surtout étudié l'aquarelle pendant son séjour à la villa Médicis. Personne ne s'en étonnera en regardant cette *tête* si expressive et si vivante. Quelle grâce dans la pose et dans le sourire, quelle tendresse dans les yeux bleus de cette brune au teint de rose !

Elle est voisine d'un *Pâtre des Abruzzes*,

qui n'est pas trop indigne de cet honneur dangereux. Cette tête fortement accentuée, à la peau brune, aux yeux noirs et enfoncés sous l'arcade des sourcils, enveloppée par les flots d'une longue chevelure bouclée, atteste une grande habileté de crayon. C'est l'œuvre de M. de Rudder, dont nous avons déjà apprécié le *Nicolas Flamel*.

Le peintre de Malakoff et de Solferino n'a accordé qu'un seul dessin à notre Salon. Il y révèle, dans une certaine mesure, ses grandes qualités de dessinateur. La jeune Russe est posée comme une statue grecque ; la cambrure de sa taille vigoureuse, la majesté de sa beauté opulente justifient le goût du *Séducteur*, dont les yeux ronds sont aussi ardents que le fourneau de sa pipe turque. Malgré des défauts évidents, le dessin de M. Yvon me semble assez séduisant.

M. Bida est le maître du crayon. Nous n'avons de lui aucune composition importante ; mais le *Batchi-Bozouk*, et surtout le *Marchand de pain*, si bien planté sur ses jambes écartées, et appuyé sur son long chibouk comme sur une canne, témoignent suffisamment de la verve spirituelle et de la finesse d'observation qui ont fait le renom de M. Bida.

Jetons un coup d'œil rapide sur *Julia* et *Mme Dubarry*, fusains trop effacés et trop pâles de M. Borione. Mais comment ne pâliraient-ils pas à côté des cinq magnifiques fusains exposés par M. Adrien Dubouché? Il est impossible de manier le fusain avec une largeur et une puissance plus magistrales. Les sites choisis par l'artiste sur les bords ombragés de la Charente et de la Vienne, sont pleins de mystère et de poésie. Ces arbres vigoureux et svéltes, aux rameaux si pittoresquement variés, au feuillage léger et lumineux; ces peupliers qui s'élancent vers le ciel d'un jet hardi, ces rochers moussus que baigne une eau transparente, ces massifs noyés dans la brume matinale, composent un spectacle charmant, où la vérité s'unit à la recherche du style. Les paysages que je préfère sont la *Vue* *prise à Lespinasse*, et surtout la *Vue prise à Cauteretz*. Une chaumière à demi-cachée dans le feuillage, un chemin raboteux qui serpente entre deux hautes murailles de montagnes abruptes, une échappée de vue sur les neiges des pics incaccessibles, voilà le motif de ce morceau superbe. J'y vois encore, plus que dans tous les autres, cette science de la perspective et cette profonde connaissance de la dégradation des tons, qui font regretter que M. Dubouché ne prenne jamais en main le pinceau et se contente du fusain. J'avoue qu'il est difficile d'abandonner, même temporairement, un instrument toujours fidèle et toujours heureux.

M. Bellel est aussi un maître dans le genre du fusain. La *Route de Batna à Constantine*, avec ses rochers déchiquetés, aux figures bizarres, et son horizon fuyant de montagnes, forme un paysage d'un grand caractère et digne des belles peintures que nous avons déjà admirées.

L'exposition de peinture sur porcelaine

est d'une insignifiance qui surprend. On dirait que nos peintres ont été pris au dépourvu et n'ont pu se préparer dignement à la lutte. Quoi qu'il en soit, ils ont une revanche à prendre ; car aujourd'hui, il faut l'avouer, ils sont battus. Les trois tableaux de Mlle de Maussion, purs de dessin et fins de ton, leur donnent une leçon dont ils sauront certainement profiter.

Les modeleurs limousins m'ont paru supérieurs aux peintres. Je regrette que ma trop grande incompétence me prive du plaisir de louer, comme je le voudrais, les belles porcelaines exposées par de rares fabricants, surtout les pièces vraiment remarquables de M. Henri Ardant et de M. Gibus et Cie.

Cinq noms seulement représentent l'art le plus divin, la sculpture, en face de l'armée de peintres que les lecteurs de bonne volonté viennent de passer en revue.

M. Clère, honoré d'une mention l'année dernière, expose un buste remarquable du *Chancelier d'Aguesseau*. La tête est un peu

écrasée par la lourde perruque du grand
siècle que Rigaud et Valentin savaient rendre si légère ; mais elle est empreinte de
cette gravité douce et souriante, qui semble
le trait caractéristique de la grande figure
du chancelier, telle que l'histoire nous la
dépeint. Je ne sais si M. Clère a trouvé dans
un portrait de d'Aguesseau cette vilaine
verrue qui dépare sa joue : quand cela serait, je crois qu'un artiste ne doit pas pousser aussi loin le souci de la vérité vraie ; il
doit au contraire, en représentant les traits
d'une personne, négliger ces détails mes-
quins, qui altèrent la beauté de l'œuvre sans
rien ajouter à la ressemblance ;

« Car ce n'est point du tout la prendre pour modèle,
Monsieur, que de tousser et de cracher comme elle. »

M. Grandfils a endormi dans le marbre
un joli petit enfant, plein de mollesse et
d'abandon. Passons et ne le réveillons pas.
Le pauvre innocent ne saurait goûter le
Faune et la Bacchante, de M. Crauck. Le
sentiment du groupe est une ivresse de dé-

sir et de vin, rendu avec énergie. L'avidité voluptueuse du faune et la grâce un peu sauvage de la bacchante révèlent chez M. Crauck un vrai talent d'expression. La facture, remarquable surtout par la vigueur du modelé, répond à ce talent, et assure à l'auteur une place distinguée dans la sculpture contemporaine.

Le *Printemps* et l'*Automne*, de M. Arnaud, sont deux jolis bustes, trop gentils peut-être, et trop spirituels. Comment ce papillon si audacieux peut-il suffire à donner à cette robuste jeune femme un caractère printanier? L'intention du sculpteur n'est pas claire, et le livret seul peut nous donner le sens du buste. L'*Automne* se fait mieux reconnaître. Elle est coiffée d'une guirlande de pampres que le ciseau n'a pu faire assez légers ; des grappes de raisins un peu lourdes sont mêlées à sa chevelure. L'*Automne* penche de côté sa tête voluptueuse, et, pressant la grappe contre son épaule,

« Fait pleurer le raisin sur sa poitrine nue. »

M. Henri Ardant a eu bon goût quand il a choisi les plâtres de M. Arnaud pour les reproduire en porcelaine.

M. Schroeder prouve comme M. Arnaud, qu'il est difficile de donner un sens bien clair à un buste allégorique. Ne cherchons pas à voir le *Matin* dans l'œuvre du sculpteur : n'y voyons qu'une charmante étude de femme. Cette figure coquette et vive, avec ses yeux discrètement fendus, ses narines presque transparentes, sa bouche délicate et fine, semble moins une allégorie que le portrait vivant d'un joli modèle.

J'aurais pu parler d'un artiste très recommandable, M. Ferru, en étudiant les paysages du Salon. M. Ferru se souvient qu'il est entré à l'école des Beaux-Arts par la double porte de la peinture et de la sculpture ; il est paysagiste à ses heures, et, laissant le baquet et la terre glaise, il va parfois, avec sa boîte à peindre, croquer un site voisin, comme le *Pont Saint-Étienne.*

Tout près de cette nerveuse pochade, Mme *Salmson* incline sa jolie tête par un

mouvement qui lui était, me dit-on, familier.
M. Ferru a saisi heureusement la physionomie de la jeune femme : son buste a un
air frappant de vie et de vérité. Les ron-
deurs des épaules et de la gorge ont besoin
d'être modelés avec plus de précision ; mais
le visage est finement étudié. Il y a même
un peu trop de recherche dans les coins de
ces lèvres pincées. Je signalerai encore à
l'artiste un manque de symétrie choquant
entre les deux tempes. Mais ces critiques
sont légères, et ne diminuent point le plaisir
que me cause cette œuvre extrêmement
estimable. — M. Ferru a été moins heureux dans l'invention que dans le portrait.
L'*Amour escamoteur* manque de caractère.
Sa figure bouffie n'a ni vie ni sentiment. Son
mouvement, assez naturel d'ailleurs, devrait
être un peu plus accentué. Je critiquerais
aussi le galbe et le modelé, si le livret ne
m'avertissait que ce n'est là qu'une esquisse ;
je suis convaincu que l'artiste la mènerait
à bien.

Ce qu'il m'est permis de critiquer, c'est

le style trop mignard et trop mièvre de sa statue. Un Amour qui a orné sa tête d'une aigrette de plumes, et ceint ses reins d'une sacoche en bandoulière, pour aller courir le monde, escamotant les cœurs comme de simples muscades, me semble un sujet moins spirituel que recherché. M. Ferru ferait mieux de ne pas chercher le succès dans une originalité trop forcée, et de s'en tenir à la simplicité et au naturel. C'est là qu'il trouverait un excellent emploi de la science et du talent dont il fait preuve même dans ses erreurs.

J'ai fait une courte préface : mon épilogue sera encore plus court. J'épargne à mon lecteur une conclusion, et je le remercie sincèrement d'avoir bien voulu me suivre jusqu'au bout de cet essai. Si je lui ai paru quelquefois manquer de mesure dans le blâme ou dans la louange, qu'il songe que, si l'art est difficile, la critique n'est pas aussi aisée que le prétend certain vers trop connu.

FIN

TABLE DES CHAPITRES.

COURTE PRÉFACE...................... *pag.* 5

CHAPITRE Ier. — M. Eugène Delacroix..... 9

CHAP. II. — *Les Tableaux favoris du public* : MM. Bouguereau, Antigna, Protais...... 14

CHAP. III. — *Les Tableaux militaires* : MM. Dumaresq, Eug. Bellangé, Le Pippre, Richard (Pierre-Louis), Pezous, Worms. — Une Bataille de M. Léon Cogniet 27

CHAP. IV. — *De la beauté du nu* : MM. Giacometti, Lenepveu, Barrias, Ricard, Chaplin. — *La peinture galante* : M. Voillemot........ 39

CHAP. V. — MM. Glaize, de Rudder, Bourgoin, Courbet................... 64

CHAP. VI. — MM. Puvis de Chavannes, Housez, Garin, Hamman, Lévy, Tabar.......... 72

Chap. VII. — MM. Landelle, Diaz, E. Jandelle. 89

Chap. VIII. — *Le genre larmoyant :* Mlle Sermensan, MM. Meynier, Leroux, Guet........ 99

Chap. IX. — *Peinture de genre :* MM. Tissot, de Frenne, Marchal, Holtzappfel, Hédouin, Luminais, Guérard, Laugée, Lobbedez, Hamon, Montfallet......................... 104

Chap. X. — *La petite Peinture :* MM. Meissonnier, Chavet, Fortin, Plassan, Duverger, Seignac, Trayer, Richomme, Cellier, Édouard Frère, C. Jacquand, Jeanron, de Beaumont, Brion, Beaume, Jules Caudron, Couder, Leroy, Pécrus ; Mme Nivet-Fontaubert......... 124

Chap. XI. — *Paysage classique :* MM. Paul Flandrin, de Curzon, Bellel, Desjobert...... 138

Chap. XII. — *Paysage.* — MM. Corot, Troyon, Daubigny, Français, Jules Dupré, Victor Dupré............................. 146

Chap. XIII. — MM. Achard, Harpignies, Flers, Villevieille, Baudit, Jongkind, Papeleu, Hanoteau............................. 162

Chap. XIV. — MM. Veyrassat, Donzel, Auguin, de Penne, Oudinot, Appian, Hugues Martin, Hillemacher, André, Legentite, René Ménard, Richard, A. Matthieu, Aussandon, Gassies, Grenet, Schneider, Fauvel............ 169

CHAP. XV. — *Paysagistes voyageurs :* MM. Justin Ouvrié, Leconte de Roujou, Brun, Théodore Frère, Mouchot, Duvieux, de Tournemine, Pasini, L. Gauthier, Biard, Deshayes, Groiseilliez 178

CHAP. XVI. — *Marine :* MM. Isabey, Heintz, Bentabole, André Achenbach.................... 186

CHAP. XVII. — *Animaux, Fruits et Fleurs :* MM. A. Giroux, Paternostre, Le More, Palizzi, Marcke, Brissot, Mélin, Earl, Jacque, Brendel, Salmon, d'Haussy, Hagemann, Chaigneau, Pochon, Couturier, Philippe Rousseau, Barye, Martinus, — Mme Lemarchand, MM. Schneit, Malapeau, Fleury, Grenet, Soulié, Monginot, Mme Escallier........................... 190

CHAP. XVIII. — *Aquarelle, Dessin, Peinture sur porcelaine, Sculpture :* MM. Pelletier, Pallière, Bonhommé, Pollet, de Rudder, Yvon, Bida, Borione, Dubouché, Bellel, Mlle de Maussion, MM. Clère, Grandfils, Crauck, Arnaud, Ferru 199

Limoges. — Imp. H. Ducourtieux, rue Croix-Neuve.

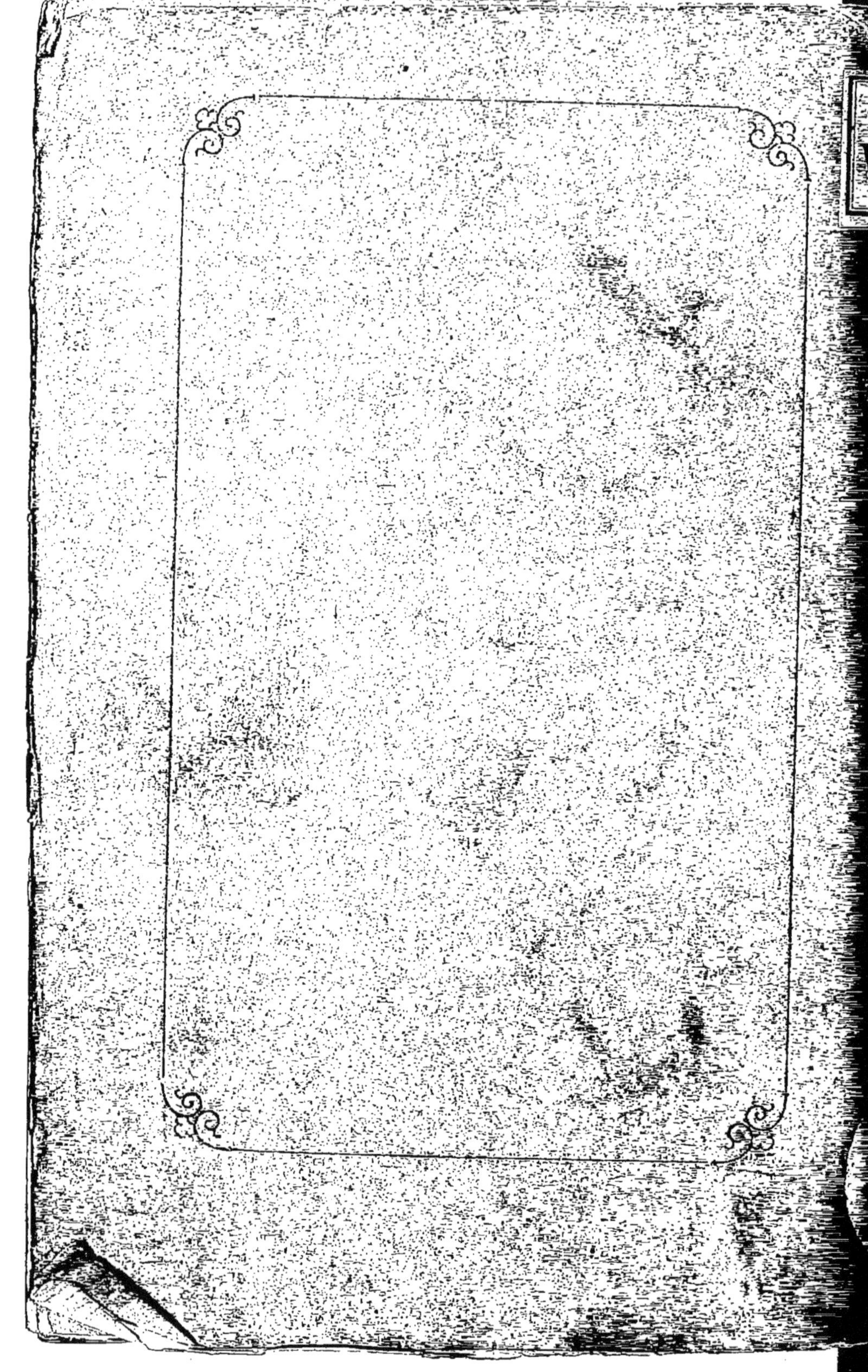